# 可愛いままでこう働く

ワークライフスタイリスト
宮本佳実 著

WAVE出版

朝起きて一通りの準備が終わったら、
いつものようにデスクに座る。
そして、パソコンを開き、
右手にはキラキラと光るペンと、いれたての紅茶を入れたティーカップ、
左手には私の願いがたくさん詰まったお気に入りの手帳を置いて、
窓の外を眺めながら、
「今日は何をしようかな?」と考える。
私は「ToDo（トゥドゥ）リスト」が好きじゃない。
でも「やらなければならないこと」を
「やりたいこと」にしてみたら、

見るたびになんだかやる気がわいてくる
私の大事なリストになった。

「やりたいことリスト」を一つずつ、やってみる。
そうすることで、私の夢は一つずつ叶えられていく。
そして、私だけの働き方ができあがっていく。

「やりたいことリスト」で、
自分だけの働き方をつくろう。
世界中でたった一人、
「私が私らしくいられる」とっておきの働き方。

そう、可愛い女はこう働けばいい。

# はじめに

こんにちは、宮本佳実です、私はワークライフスタイリストとして、「好きなことを好きなときに好きな場所で好きなだけ」「可愛いままで起業できる！」をコンセプトに、女性の新しい生き方・働き方（ワークライフスタイル）を提案しています。

２０１５年に私は、はじめての著書『可愛いままで年収１０００万円』を出版し、たくさんの反響をいただきました。そこでは現在の「好きなことで、好きなときに働く」というスタイルに至るまでのストーリーと、そのスタイルがどのようなものか、そして以前に比べて劇的に変化した私自身のお金に対する考え方を書かせてもらいました。

私はその本を出版したあと、多くの方から「佳実さんは、ここに至るまでに何をしてきたんですか？」という質問をいただきました。確かに私は、これまでやってきたことを細かく伝えることはあまりなかったように思います。

今回は、そんな読者のみなさんの声にお答えして、私がこれまでやってきたことを

72のリストにしてまとめてみました。

私は高学歴でもなければ、特別な才能があるわけでもありません。すごい美貌を持っているということもなく、おまけに司会者だったのに滑舌もそうよくはありません。そんな私が、多くの方に「新しい働き方・生き方」を発信できるまでに歩んできた一歩一歩を、みなさまにシェアさせていただければと思っています。

**これは華麗なシンデレラストーリーではありません。「時に涙、時に根性♡」のストーリーです。**でも、自分らしく、楽しくをモットーにしてきた私の「やってきたことリスト」なのです。

「こんな風に働けたら素敵なのに」「いつか、こういう働き方ができたら」と願い、夢見ながら、着実に確実に私がやってきたこと……そのリストすべてを、みなさんがトライする必要はもちろんありません。「これは、できそう！」「これなら、やってみたい！」と思ってくださるリストだけを自分の「やりたいことリスト」に加えてみてください。

「宮本佳実はこうやっていたらしいけど、私はこんな風にアレンジしちゃおうかな♡」と思っていただければ、幸いです。

私のワークライフスタイルは、私の正解であって、みなさんの正解ではありません。人の数だけその正解があると思っています。ぜひ、自分の、自分だけの働き方・生き方（ワークライフスタイル）を見つけてください。

「可愛いままで」とは、「自分のままで」「女性らしく」という意味です。自分を変えることなく、すごい人になろうとするのでもなく、ましてや片意地をはって男性と競おうとするのでもなく、女性である自分のそのままの姿で、楽しく働くことです。

私の夢を叶えた72のリストが、みなさんの理想の未来に、少しでもお役に立てますように♡

２０１６年４月

宮本　佳実

# 可愛いままでこう働く――目次



## 第1章

## 好きを仕事にする「私」のつくり方リスト

## 第2章

# 「私」を生かす働き方リスト

## 第3章

# 「私」自身をブランドにする働き方リスト

## 第4章

# まわりの人も幸せに♡心地よく働くためのリスト

## 第5章
# 自分らしく豊かになるための ワークライフスタイルリスト

## 終章

# 「理想の私」のその先へ




装丁　豊原二三夫（ＡＳ制作室）
写真（帯）　嶺倉　崇

# 第 *1* 章

# 好きを仕事にする
# 「私」のつくり方リスト

今と違う世界で、もっと自分らしく働けたら……。
満員電車の中で、いつもそんなことを夢見ていた。
でも、そのときの私は、その世界がどこにあるのかすらわからなくて、
今いる場所から動けないでいた。

行きたい世界がどこにあるかわからないときは、
とりあえず、今いる場所から一歩外に出てみるといい。
一大決心なんてしなくても、
散歩に行くように、旅に出るように、気軽な気持ちで踏み出してみればいい。
また戻ってくることだってできるのだから。

英会話だって、なんだって、
その環境に身を置いてみたほうが、上達するのは早いでしょ？
そう、一度バカンスに行くつもりで、今の場所から飛び出してみよう。
理想の世界へつながるヒントが、きっと見つかるはずだから。

## リスト1 まずはやっぱり「ビジョン設定」から

さあ、それでは、「可愛い女は、こう働く」を実行するためのリストづくりをはじめましょう。ここでまず最初にやることは、「自分の未来を決める」ことです。

これは、自分の未来を決めておかないと、毎日のことをどれだけ充実させても、「なんだか物足りない」という気持ちがぬぐえないからです。

現状にものすごく満足している方には、このビジョン設定があまり必要ない場合もあります。でも、もしあなたが、今の自分を「なんだか、パッとしないな」と思っているのでしたら、どんな未来ならば「ものすごくパッとする！　大満足！」と思えるのか、イメージすることが大切です。

このときに大事なのは、「遠慮しない」「わがままに想像する」ことです。「今の私だったら、これくらいが妥当かな」という、一体誰にしているのかわからない遠慮は、一切必要ありません。

**自分が一番ワクワクして、心から「最高!!」と感じられる未来をイメージしてください。**

これは、今の自分にはどう転んでも、どうひっくり返っても「無理!」と思えるようなことでも、数年後には意外にさらりと叶っていたりするからです。

私も、起業する前に、大それた夢を描いていました。そのときはどう考えても、どうひっくり返っても叶いそうもないビジョンでした。ちょっと恥ずかしいのですが、ここで、みなさんにそのときの夢を紹介したいと思います。

## ★梨花さんのように仕事を選べるようになる

私が起業したころ、梨花さんはいろいろな雑誌のカバーモデルをしていて、他のモデルさんとは一線を画していました。私は、人気者になると仕事が選べるようになるのだと感動し、「いつか私も自分で仕事が選べるくらいの存在になるぞ！」と、この目標を掲げました。

**★ビジネスを成功させ、いつか女性の起業を支援したい**

私はビジネスをはじめる前から、ビジネスが好きだったのでしょうか。なぜこう考えたのか、今ではもう思い出せなくなっているのですが、現実に描いたとおりになるものだと、私自身、とてもおもしろく感じています。

**★スタイルブックが出したい**

私は昔から、モデルさんのスタイルブックマニアでした。特にファンではないモデルさんのものまで買いあさり、「こんな生活、すてきだな～」なんて思いながら、いつも眺めていました。「私もいつかはスタイルブックを出したい！」と、本気で思っていたのです。

あのころ私が掲げた夢は、すべて叶いました。スタイルブックはまだ出版されていませんが、近いうちにみなさんのお目にかかれるのではないかと思います。「スタイルブック」を出したいと思ったあの日、あのとき、誰かにこのことを言っていたら、「バカなんじゃない?」と呆れられたでしょう。だって、スタイルブックを出版できるのは、モデルさんやタレントさんで、ごく一般人の私が掲げる夢ではないですよね。

でも、念願の本を出版したすぐあとに、なんと、「写真がたくさん載ったスタイルブックを出しませんか?」と出版社の方が言ってくれたのです。そのとき「夢って、本当に叶うんだなぁ」としみじみ感じました。一般人の私でも、スタイルブックが出せる……。叶わないことってないんじゃないかなって、今、本気で思うのです。

## リスト2 「理想の未来を生きている私」をイメージする

みなさん、自分の未来をわがままにイメージしてみましたか。

では、その未来を生きるのは、どんなあなたでしょうか。

①どんな家に住んでいますか。
②あなたは、どんな洋服を着ていますか。
③どんな髪型をしていますか。
④どんなバッグを持っていますか。
⑤どんな性格ですか。
⑥隣にはどんなパートナーがいますか。
⑦どんな場所でデートをしていますか。
⑧どんなところに旅行したいですか。
⑨誰とどんな場所で食事をしていますか。
⑩どんな朝食で毎日をはじめていますか。

これらを、ぜひ書き出してみてください。この質問は私が無料で行っているメールレッスンでもしていますが、そのもとになったのは、２、３年ほど前に自宅サロンで開いていたミニセミナーです。

先日、私は名古屋の街を歩いているときに、「佳実さん！」と声をかけられました。

その声の主は2年前にミニセミナーを受講してくれた方でした。彼女は、「ずっと佳実さんにお礼を言いたかったんです。あのとき、ミニセミナーで書いた『理想の未来と私』は、今、すべて叶っています」と話してくれました。

彼女がセミナーに参加したときは、前の旦那さまとの夫婦仲が最悪の状態で、お子さんを育てながらパート勤めをしていらっしゃいました。そのときのセミナーでは、「パート勤めで毎日一所懸命働いているけれど、本当はどんな働き方を望んでいるのか」を、遠慮なしに「こうだったら最高!」と思うことを書いてもらいました。

「理想の生活をしている私は、どんな洋服を着て、どんな髪型をして、どんな性格で、どんな家に住んでいて、どんなパートナーと一緒にいるのか」を、細かく、楽しみながら描いてもらったのです。そして2年経った今、その理想はすべて現実になっているそうです。

当時の彼女の「理想の未来と私」には、住んでいる家、髪型はもちろんのこと、働き方についても、「家でイラストの仕事をする。会いたい人に会いに行ってたまにランチもする。娘を幼稚園に早く迎えに行けて、娘と遊ぶ時間がたくさんある。家族を大切にした働き方をして、ハーブティーを飲みながら明日は何をしようかなとワクワク考える」と書かれていて、これがピッタリ叶ったというのです。
そして驚くのは、パートナーについてです。彼女が2年前に書いた理想には「愛情にあふれている人、夢を一緒に語って実現している人」とあり、実にそのことばどおりの方と数カ月前に再婚されたそうです!! 本当にすごいですよね。

**私たちが考えているよりもずっと、「決める力」は強いのです。**

さあ、もっと遠慮なく! 自分の未来を、自分の姿を、イメージしてみてください。

## リスト3 明日のランチは「こだわり」で選ぶ

「理想の未来をわがままにイメージしようとしても、うまくいきません」という方がいます。そういう方は、自分の感情に蓋をしている可能性があります。

それは、自分の未来に遠慮することが癖になっていると、自分の「こうしたい！」という気持ちを素直にイメージすることが難しくなるからです。
まずはその蓋をパカッと開けることからはじめてみましょう。そのトレーニングとしてあげられるのは、

**毎日の何げない選択にさえ、「こだわり」を持つこと。**

たとえば明日のランチは何を食べるか、ということからこだわりをもって考えてみましょう。「とりあえず、これでいいっか」と、決めたりしていませんか。私もそのようにすませてしまうこともあるのですが、そこにもっと「こだわり」を持つことが大事だと、常々思っています。

「明日のランチは、大好きなあそこのハンバーグを食べに行こう！　お店はちょっと遠いけれど、『こだわり』の1日にするために♡」なんて、自分の毎日にちょっとだけ気を使ってみるのです。すると、何げないランチの時間が、すごく特別なものに感

じます。そうやって、日常の何げない選択の一つひとつにこだわってみる。

**迷ったときの合言葉は、「理想の私だったら、どっちを選ぶ？」**です。

リスト2でイメージした「理想の私」だったら、どのランチを選ぶでしょうか。どんな洋服を選ぶでしょうか。今日をどんな風に過ごすでしょうか。

迷ったときは、その合言葉を自分に投げかけてみてください。きっとすてきな答えが思い浮かぶはずです。

私も、友人とランチに行くときは、カジュアルに家の近くのカフェやレストランに入ることもあります。でも最近は、ちょっとだけ足をのばして、少しだけラグジュアリーなお店に予約を入れて行くことが多くなりました。

昼間から、ホテルや少し高級なレストランでコース料理を食べてみる。そんな経験をするだけで、背筋がちょっとのびて、優雅な気分になること間違いなしです。

そういう場所に行くときは、装いも、ちょっと変わりますよね。ラフな格好で入るファミレスランチももちろんいいのですが、いつもとは少し違う雰囲気の自分になれるホテルランチはオススメです。スタッフの方のおもてなしも違いますし、流れている空気も独特。そうすると、客である私たちの会話の内容も変わってくるから不思議です。その場にふさわしい会話が弾むことでしょう。

こうしたことを記念日や特別な日だけではなく、日常に取り入れてみる。そうすることで、ホテルでの食事が日常になっていくのです。ランチだと、ディナーの半分くらいのお値段ですむのも、とってもお得なポイントです。

以前はスペシャルだったことも、今は当たり前になっていることが、私にもたくさんあります。最初は、ホテルでのランチにも、やっぱり「えいっ！」と勢いをつけて飛び込んでいたのです。

まずは、「特別なこと」を自分の日常に先取りしてみましょう。楽しいことから積極的に取り入れてみてください。なんでもない日こそ、特別に♡

## リスト4
# 理想の働き方をイメージする

「働く」ことは、私にとっては人生を楽しむための一つの手段です。ライフスタイルを「私らしく」するならば、ワークスタイルだって「私らしく」こだわっていたい。いつもそう思って生きてきました。

『可愛いままで年収1000万円』を出版したあと、多くの方から「こんな風に働けるんだ！ と思いました」という、うれしい声をいただきました。

私はずっと「自分らしい働き方」に憧れていました。手取り15万円以下だったOL時代には、映画「セックス・アンド・ザ・シティ」の主人公キャリー・ブラッドショーのように働きたいと、本気で願っていました。あのころは、どうしたらあんな働き方ができるのか、自宅やカフェでパソコンを開きながら執筆し、本を出すようなすてきなライフスタイルができるのかと思うばかりで、それを実現することは夢のまた夢でした。

でも、あのころいつも抱いていた「あのスタイルを実現する」という思いは、確実に今、私が生きている現実になりました。だから、誰でもきっと夢を実現できるはずなのです。

理想のビジョンを設定したあとは、自分の理想のワークスタイルを具体的にイメージしていきましょう。

あなたはどんな場所で、どんな仕事をしていますか。どんな人たちに囲まれて働いているでしょうか。仕事を通してあなたはどんな存在になっていますか。

あなたの理想のワークスタイルを自由に考えてみてください。

ここでオススメするのは、働き方を単体でイメージするよりも、**あなたの理想の生き方、「ライフスタイル」を決めた上で、理想の働き方「ワークスタイル」を考えること**です。

なぜなら、私にとって「働く」ことは、人生を楽しむ手段だからです。自分のライフスタイルを、より自分らしくするために、ワークスタイルを確立していく。それがあなたらしい「ワークライフスタイル」になるのです。

まずは形から入るのもオススメです。

私はパソコンとパソコンのまわりにあるものを写真に収めて、インスタグラムやブログにアップするのが好きです。ファッションコーディネートよりも、ワークスタイルのイメージのほうが断然好きなんです♡

デスクまわりを撮った写真が好きだなんて、ちょっと変わった趣味でしょうけど、私にとって心地よいワークスタイルとは、パソコンとデスクまわりにこだわることでもあるのです。

あなたは、どんなワークスタイルにこだわりがありますか。書きやすいペン、上質なノート、それとも予定をついつい書き込みたくなるような手帳ですか。あなたにもきっと、自分だけの「こだわり♡」があるはずです。

あなたのすてきなワークスタイルを、ぜひイメージしてみてください。

あなただけのワークスタイルが決まったら、明日からは会社のデスクや、いつもカバンに入れているノートなどを、ぜひ「こだわり」のものにチェンジしてみましょう。

理想のワークスタイルを早速、実践です。理想のイメージを決めたときから、それが現実になる準備ははじまっています。

明日からはすてきな自分で、こだわりのあるワークスタイルを♡

## リスト5 自分らしくいられる環境を探す

「○○をしようと思っているのですが、今の環境では無理です」という声を聞くことがあります。確かに、人は環境で変わります。「やりたいことをやるのが難しい」環境もあるでしょう。でも、その環境を選ぶのはあなた自身なのです。

「環境さえ変われば、私も変われるのに……」と思っているのであれば、自分で環境を変えてしまえばいいのです！

そう、環境を変えるのは、他の誰でもない、「あなた自身」なのですから。

「環境が変われば、自分が変わる」のも、もちろん正解です。でも、

**自分が変われば、環境は変えられるのです。**

自分が新しい環境を選ぶことで、自分自身が変わっていく。これが、理想の自分になっていく「ミラクルスパイラル」のはじまりなのです！

もちろん、「自分が変わる」ためには、違う環境に飛び込むことも一つの手段ですが、「自分の意識を変える」だけでも、まわりの環境は変わっていきます。

恋愛に関しても、「相手を変えようとするより、自分が変われば自ずと相手が変わっていく」ということを聞いたことがありませんか。その原理が日常の生活、たとえば友人関係や仕事の人間関係にも大いに使えるのです！

そのためにオススメの方法がありますので、ぜひやってみてください。

**★自ら違う環境へ一歩踏み出すときにやること**

①理想の未来を生きている自分が、どんな環境に身を置いているかを考えてみる。
②そのイメージにピッタリの環境を探してみる。
③環境を見つけたら、軽やかに一歩を踏み出す。

**★自分の意識を変えて環境を変えるときにやること**

①理想の未来を生きる自分ならどんな受け答えをするのか、どんな仕草をするのか、どのように会話をするのかをイメージする。

②明日からはそのイメージで人に接したり、仕事をするようにする。

これでまわりの人の対応や自分への評価が変わってくること請け合いです。特に「意識を変える」という方法はとても簡単なので、明日からすぐに実践できます。それに、やってみるととても楽しいはずです。ぜひ、試してみてくださいね♡

**★人間関係を変えるときにやること**

・接客業の方は、「このような人ばかりだったらいいのに」という実際のお客さまを一人思い出し、その方のどんなところがよいのか箇条書きにして、明確にする。

・「こんな人たちに囲まれて働けたら最高!」というイメージする。

前の著書『成功への扉が次々ひらく♡ミラクルレッスン』では、「理想のパートナーは、理想の生き方から考えるといい」とお伝えしました。ただ単純に「優しい人」

「かっこいい人」と並べるのではなく、まずは自分がどんな人生を生きたいのかを考え、その人生をどんな人と一緒に歩みたいのかを考える。そうすると、理想の人生を理想のパートナーと一緒に生きることができるのです。

実は、働き方についても、これと同じ考え方をすればいいのです。

理想の人生から理想の働き方をイメージした次は、どんな人たちに囲まれて働くことができたら自分はハッピーなのかを考えます。

私も理想を実現するために、最初に「こんなお客さまに囲まれて働きたい！」ということを明確にイメージしました。「優しくて、可愛くて、私のブログをいつも読んでくださって……」と、自分勝手にイメージします。すると、実際にイメージどおりのお客さまが私のところにたくさん来てくださって、そうしたお客さまたちに囲まれることで、私はとてもハッピーに働くことができました。

スタッフがまだいなかったころは、「こんなスタッフがいてくれたら、いいな〜」と、ノートにいつも理想を書き留めていました。その内容は「幸せなおしゃれ美人を全国に増やしたい！　という私と同じ志を持っていて、素直でやる気があって……」といった感じです。そうやってワクワク楽しみながらイメージすることで、想像していた以上のすてきなスタッフに恵まれました。

この、**どんな人に囲まれて働きたいかをイメージすること**は、会社員の方にもぜひ実践していただきたい方法です。

「こんな人たちに囲まれて働ける職場だったら、最高！」「私が担当するお客さまはこんなにいい方ばかり！」と、将来、自分自身がワクワクしながら働いているまわりには、どんな人たちがいるのかを、具体的にイメージしてください。

もし、今、会社で人間関係がうまくいっていなくても、そうやってワクワクしながらイメージを広げていると、自分の力でなんとかしなくても、人事異動があったり、苦手な人が会社を辞めて急に居心地のよい職場になったりするということが、実際にあるのです！

**だからこそ、一緒に働きたい人を明確にイメージしましょう。**

「こんな人たちに囲まれて働くことができたら、もっと仕事が楽しくなるかも！」と思えるようなすてきな未来を、考えてみてくださいね♡

## リスト6 仲間とのお茶で「理想の未来」を語り合う

リスト2では、「理想の未来」を書いてもらいましたが、ここでは、その次の段階に進んで、あなたのビジョンをまわりの人に話してみましょう。

でもそれは、とても勇気がいることですよね。私も起業する前には、まわりの人に「私、お客さまのショッピングに同行して、洋服を一緒に選んで差し上げる仕事をしようと思うんです」「年収1000万円を目指しています！」という自分の理想を語って、鼻で笑われたり、「無理でしょ」と何度、呆れられたことか……。

そのたびにひどく落ち込み、家に帰ってから「やっぱり無理なのかも……」と泣いたことがありました。

だから今は、自分の「未来」を話すときは、「佳実ちゃんなら、できるよ！」「それ、いいね！」と言ってくれる人を選ぶようにしています。

**自分の理想は、笑わないで聞いてくれる相手に聞いてもらいましょう。**

これからあなたの理想の未来を叶えていく上で、そういう人は本当に大切ですし、一緒に支え合い、励まし合えるよきパートナーになります。

「今のところ、そういう人がまわりにいません」という方もいますよね。でも、そんなときこそ新しいフィールドに一歩足を踏み入れる絶好のチャンスなのです！ といっても、転職や住む場所を変えるといった大がかりなことではなく、今まで行ったことがなかったサークルやセミナー、お茶会や習い事に参加してみるといった簡単なことでいいのです。そこでは新たな友人ができるでしょうし、夢を語れる仲間が増える可能性も高いのです。

私のセミナーやワークショップでも、そのあと参加者の方同士が理想を語り合い、とても仲のよい友だちになれたという話をよく聞きます。足を運ぶ場所を選ぶコツは、**自分と同じような志を持っている人がたくさん参加しそうなところを選ぶこと**です。よい出会いの確率が、きっと上がるはずです♡

そして、すてきな仲間を見つけたら、その人とのお茶やランチの時間に、「仕事の愚痴」や「現状の嘆き」「将来への不安」ではなく、**無限の可能性を秘めた自分たちの「未来への期待」を、ぜひ語り合ってみてください。**

私の場合は、友人とお茶をしながら、「いつか、200名規模のセミナーをやるときには、こうしよう！」「本を出すときは、1冊目はどんなテーマで書こうか？ 2冊目の兼ね合いもあるしね」と、そんな予定などさらさらないときから真剣に語り合っていました。こういう話って、本当に楽しくて、時が経つのを忘れてしまいます。

いつもこの理想を話していた、私の友人でビジネスのパートナーでもある赤土千恵ちゃんは、数年前にはいつもお茶の時間に「働かずに、お金がほしい」と、誰もがびっくり仰天するような発言をしていました。そのときはさすがの私も、「千恵ちゃん、すごいこと言うな～」と驚いたものです。

ところがその千恵ちゃんは、2015年末に第一子を出産してからほとんど家を出ない毎日を送っているにもかかわらず、代表を務めるコミュニティ「アクチュアルミー」で他の講師のワークショップを運営しているため、今も収入がたっぷりある状態なのです。これには「千恵ちゃん、昔言ってたこと、現実になってるね」と、二人で笑ってしまいました。

お茶をしながら気心知れた友人たちと語った理想は、冗談のようなものでも現実になってしまう可能性がものすごく高いのです。だってそれは、**ワクワクしながら楽しく語った未来だから♡**

ただし、ここで心に留めておきたいのは、「現状がイヤだから、こうなったらいいのに」という欠乏感から生まれた理想は、叶いにくいということです。なぜなら、「〇〇がイヤ」という思いは、理想をイメージする力より強いので、「〇〇がイヤ」の「〇〇」が現実になる可能性が高くなってしまうのです。

**現状を嘆きながらイメージするのではなく、ワクワク楽しく、自由に未来を描く。**

そうすると、理想はどんどん現実になっていきますです。

だからこそ、自分自身を常にワクワク楽しい環境に置いてあげることが大切なのです。まずは女性の大好きなお茶の時間から、楽しくてワクワクするものにしてみてください。きっと流れが変わりはじめますよ♡

## リスト7 覚悟を決めて好きなことをする

今まで「好きなことって、本当に仕事になるんですか?」という質問を、よくいただいてきました。それに対する私の答えは、大きな声で「イエス!」です。

でも、「それって、お金になるんですか? 食べていけるんですか?」という、さらなる質問の答えに対しては、「わかりません」なのです。

以前私は、パーソナルカラーや骨格診断などの資格を使ってパーソナルスタイリストの仕事をしていましたが、「その資格って、本当に儲かるんですか?」「どの資格をとれば、食べていけますか?」という質問をよくいただきました。でもその答えは、「パーソナルスタイリストが儲かるかどうかは、わかりません」「絶対に食べていける資格は、看護師さんです」となってしまうのです。

必ず食べていける資格というのは、本当に少ないと思います。私の見解ですが、お医者さんや看護師さんなど、医療関係の資格が強いのではないでしょうか。ベテランの弁護士の先生も言っていましたが、「今や弁護士も多すぎて、食いっぱぐれる人がいる時代」とのこと。

確かに、異業種交流会には営業活動を兼ねた弁護士、公認会計士などの士業の方がたくさん参加しています。「これを持っていれば絶対に安泰」という資格はない時代なのかもしれません。どの資格をとったとしても、それは一つのきっかけであって、そのあとのことはその人次第なのです。

たとえば、国家資格である美容師。専門学校で2年間勉強し、試験を受けて資格を取得しますが、カリスマ美容師になる人もいれば、「やっぱり美容師は合わないな」とすぐに辞めてしまう人もいます。本当に資格をとるだけではわからないと思います。

資格をとること、好きなことを仕事にすることはできます。でもそれが絶対に「お金」になるかと言えば、そうは言いきれないのです。

**だからこそ、「好きなことを仕事にする」という覚悟が必要です。**

私は、「好きなことで自由に働くこと」を選びました。そして、自由にはなりましたが、安定は失いました。最初は「食べていけないかもしれない……」と思いましたし、実際にそうなったら、どこかの正社員の職を探そうと覚悟してやっていました。

でも、好きなことだからこそ、他のこと以上に夢中になれるし、エネルギーだって出る。だから、成功する確率も、豊かになる確率も格段に上がると思うのです。だって、好きなことって、やってもやっても飽きないから。好きなことが好きなだけできる、それだけで本当に幸せ。それだけでもう、成功しているのです。

**自分の人生は自分で選べる。だからこそ、好きなことを好きなだけする覚悟を。**

私たち女性は、そんなに弱くはない。自分の人生は自分で決められるし、責任をとることができるのです。**自由に楽しく、自分で選ぶ、自分で決める。**そう心に誓ったとき、もっともっと自由になれる気がします。

## リスト8 今まで会ったことのないような人と会う

私は28歳で起業しましたが、コネも人脈も皆無でしたので、右も左もわからず、まずは会社の経営者ばかりが所属する異業種交流会に入会しました。そこでは30人くらいのメンバーの中で女性は3人。私はそれまで、一般の会社員や司会者しか経験したことがなかったので、ほぼ男性の経営者の会に入ってしまったことに、はじめは後悔の嵐でした。

その会には1年間所属していましたが、私自身、会社を起こしたばかりの時期に、たくさんの経営者にお会いして話を聞けたことは、本当に勉強になったと思っています。経営についての考え方、マーケティングの方法、組織のつくり方など、みなさんそれぞれの意見があって、その一つひとつが新鮮でした。

最近、私の著書の読者の方に「異業種交流会は利益につながらないから、行っても意味がないと聞きますが、どう思われますか？」という質問をいただきました。確かに私も、交流会に所属していた1年間は、参加したことによる利益は特にありませんでした。それは、私が他のメンバーと業種や抱えている客層が違いすぎたからです。

でも、ＳＮＳ（ソーシャル・ネットワーキング・システム）だけで集客を行うという特殊なビジネスモデルを展開し、個人事業主である私が、一般企業の組織の形態や、さまざまなビジネスモデル、集客の方法、経営者としての想いなどに触れられたことは、考え方や知識の幅を広げられた点で、とても勉強になりました。

つまり、ビジネスでの人づきあいは、目先の利益だけで判断しないほうがいいということです。私は、個人的なつきあいだけでなく、ビジネスでも誰かに会うときは、自分とは違うところを見るようにしています。そして、「そういう考え方もあるんだ!」ということを自分の中にストックしておくのです。

たとえ自分と考え方やスタイルが違っても、それを知っておくことはとても大切なことです。私はこれまで、主にブログをはじめとするSNSで自分の事業への集客を行ってきましたが、その方法しか知らないからそうしているのではなく、さまざまなビジネスの仕方を知った上で、自分に合っているから、それを選んでいるのです。

たくさんの中から自分で決めて選ぶためには、多くのビジネスの考え方や方法を知る必要があります。これを「自分で選ぶ」という観点から言えば、**その自由を手に入れるためには、自分がたくさんのことを知っていなければ、それだけ自由度も狭まってしまう**と感じるのです。

自分の選択の幅を広げるためにも、いろいろな考え方、やり方を知る。これは私がとても大事にしていることです。

## リスト9
# いろんな働き方から自分の「これだ!」を選ぶ

私は現在、自分のつくった「女性のためのスタイリングサロン　ビューティリア」のサロンサービスを二人のスタッフに任せています。スタッフといっても全員が個人事業主で、チームのような形態です。スタッフには「ビューティリア」というサロン名と、同じサービスメニューを使えるようにし、あとはそれぞれが個性を生かし、自由に働けるようなシステムをつくりました。

これも最初は手探りではじめたことでしたが、今では二人とも何カ月か先の予約まで埋まる人気スタイリストとなっています。

私は代表とは名ばかりで、スタッフに多くを指示するということもありません。スタッフそれぞれが自分のペースで仕事をし、新しいことを思いついたときには一応は確認をしてくれていますが、それについて私がとやかく言うことはなく、「好きにやってね」という感じです。組織としては、縦の関係というよりは、横のつながりに近いスタイルです。

私はもともと人に指示をすることが苦手です。上手に指示をしたり、マネジメントをしたりしている方を見ると、「すごいな～、私もあんな風にできたらな～」と思うこともあります。でも、それはできないことなので、自分らしい組織をつくることで、共感してくれるスタッフやアシスタントを集めてビジネスを進めていくのが、私の働き方です。

「一人で起業するぞ！」と思っても、なかなか勇気が出ない方にとっては、個人事業主だけれど一人ではない、ビューティリアのような働き方が向いているのかもしれません。ただ、誰かがはじめたサービスやシステムを借りてやるビジネスなので、個人事業主としての自由度はありますが、一般企業の正社員ほどの安定はありません。どんな働き方を選ぶかは個人の好みによるものなので、こんな働き方もあるという一例としてご紹介しました。

最近は、「副業」も注目されています。そういう私も、起業した当初は司会業と二足のわらじで今の仕事をはじめました。さらに最初のころは司会業者として登録していた事務所で他の司会者の采配をする仕事もしていたので、三足のわらじを履いていたこともあります。当時は、息をつく暇もないほど働いていたことを思い出します。でも、あのころの私は、自分の未来に期待していました。だから体は疲れてはいたけれど、大変だから辞めたいとは思いませんでした。本当に無我夢中だったのです。

何かを新しくはじめたい方は、まずは今のワークスタイルを続けながら、空いている時間を使ってやってみることもオススメです。一念発起「起業するぞ！」と、勇ましく会社を辞めてしまうのもいいのですが、その起業がうまくいく保証はありませんし、それ以前に、新しくはじめる仕事が本当に自分に合っているのかどうかもわかりません。

なんとかなるといえば、なるのでしょうが、私の場合は離婚後、独身の一人暮らしだったので、生活のためにも念には念を入れて、二つの仕事をかけもちする形をとっていました。

一つを辞めて新しいことをはじめなくても、フェードイン（fade-in）、フェードアウト（fade-out）という働き方もあります。

私が以前開いていた講座の生徒さんに、「しゃちほこ姉妹」という二人がいます。この二人は実際の姉妹ではないのですが、活動するときのユニット名としてこの名前を使っています。おもしろいですよね。

彼女たちの活動は、女性がキラキラ輝けるようなイベントを主催することで、東京から講師を名古屋に招いてセミナーを開催したり、私のクリスマスパーティーを主催してくれたりしています。また、活動をはじめて半年足らずで、有名なメイクアップアーティストのＴＡＫＡＫＯさんを名古屋に招き、メイクレッスンを開催するなど、彼女たちの活躍ぶりには目をみはるものがあります。

そんな彼女たちは今でも現役ＯＬ。だからインターネットでの顔出しはせず、写真の掲載が必要なときは、自分たちの顔を「しゃちほこ」のイラストで隠しています。本業のＯＬとしてもかなり責任のある仕事をしています。

「ＯＬの仕事も楽しいけれど、イベントの主催は非日常のワクワク感があって、とっても刺激的！」と、目を輝かせている二人を見ていると、こちらまで幸せになります。楽しく副業をしていることが、ＯＬの仕事にもよい影響を与えているようで、管理職にならないかと、会社から打診をうけているとのことです。

「今の日常を少しだけ変えたい」「ちょっとワクワクすることをしたい！」。そう思ったときは、「起業」だけではなく、「副業」をはじめたり、新たな出会いを求めてサークルに入って活動したり、習い事をはじめたりと、会社以外でワクワクするようなことをしてみると、本業にもよい影響が出るケースが多いようです。

まわりに目を向けてみると、いろいろな働き方をしている人がいるものです。今の時代は、働き方が本当に多様化していると思います。

**人生は、どの働き方を選ぶかで驚くほど変わるものです。**

あなたがもし、今の働き方に満足していないのならば、他の働き方を考えてみるのもいいと思います。そんなときは、まずは情報収集です。どんな働き方があるのか、どれだったら自分にもできそうか、リアルに考えてみてください。そうしているうちに、「これだ！」という働き方に出合うときがきっと来るはずです。

## リスト10 映画「ビリギャル」を観る

みなさんは、映画「ビリギャル」をご覧になりましたか？　または原作本『学年ビリのギャルが1年で偏差値40上げて慶應大学に現役合格した話』（坪田信貴著、ＫＡＤＯＫＡＷＡ／アスキー・メディアワークス）を読まれましたか？
私は先日、ＤＶＤで観ました。そこで私が思ったことは、

**「やっぱり、身のほど知らずくらいがちょうどいいな」**

ということです。だって、偏差値30の主人公の女の子が、もし身の丈をわきまえて志

望大学を選んでいたら、「慶應大学に行く！」とは絶対になりませんよね。
身のほど知らずだったからこそ、「慶應大学に行く！」と、まわりから見たらびっくり仰天な目標を掲げ、受かってしまったのです。

**「身のほど知らずな人」こそが、大きな夢を叶えていく**。

私は本気でそう思っています。そして、その身のほど知らずを実行するならば、自分を信じてくれている人がいることがとても重要です。この映画の中では、塾の先生やお母さまですね。信じてくれる人がいるからこそ、自分も「できる！」と思えて、諦めずに最後まで夢中でやり遂げることができるのです。

**身のほど知らずで、何が悪い**。

今日も私は、そんな風に身のほど知らずな未来を、心の中でイメージしています♡

リスト11

# 自分の「すごい！」をピックアップする

日本人は自分のことを過小評価する人が多いですよね。でもこれって、ものすごくもったいないことだと思うのです。

ここではぜひ、自分の「すごい！」をピックアップしてみてください。「歌がうまい」「髪がサラサラ」「走るのが速い」「健康的」「優しい」など、なんでもいいのです。あなたの「すごい！」を、最低30個はストックし、リストにしておきましょう。この「すごいリスト」を見ていると、「私、結構すごい人かも！」と思えてくるから不思議です。なんだか自信も湧いてきます。

次に、リストに並べたあなたの「すごい！」を、まわりの人にアピールします。「自分のいいところを人にアピールするなんて、ずうずうしくてできない」という人もいるかもしれませんが、うまくいっている人は自分の「すごいところ、いいところ」を上手にアピールしていることが多いようです。なぜなら、「すごいところ」を言うのにも、単なる自慢にはせず、誰かの役に立つことをアピールできるからです。

まずは得意なこと、人よりできちゃうことを、サラッとアピールしてみましょう！「そんなの自慢みたい……」と思うかもしれませんが、それを、あなたがアピールすることで、喜ぶ人もたくさんいるのです。

たとえば「メイクをするのが速い」人がそれをアピールすると、「私は朝、メイクをする時間がなくて、いつも中途半端な仕上がりで出かけています。だから、やり方を教えてほしい！」という人が出てくるわけです。教えてもらいたい人にとってその時短メイクは、毎日をより充実させる、とっておきのテクニックになりますよね。

そして、自分の個性もどんどんアピールしましょう！

自分からアピールすることに、どうしても抵抗がある方は、「まわりの人から、目が大きいことを褒められることが多いのです」というように、まわりの人から言われていることにするなど、アピール方法を少し変えることで抵抗がなくなるかもしれません。

ＳＮＳの世界で人気者になる人は、このアピール力がとても高いのです。自分のアピールすべきところをきちんとわかっていて、それをしっかりと発信できているのだと思います。

**自分の「すごい！」を認識して、アピール力を磨く♡**

あなたもぜひ、やってみてください。

リスト12

## 何はともあれ、とりあえずやってみる

以前、私は前述の赤土千恵さんと、著名な講師・講演者を迎えてセミナー・講演会を主催するイベントコミュニティ「アクチュアルミー」を運営していました。そのときの私たちのテーマは、「自分が会いたい人をお呼びして、会うこと！」でした。

セミナー・講演会の依頼を通して、普段は滅多にお目にかかれない「会いたい人」

にいらしていただくことで、直接お会いして話をうかがえるし、その方の空気感に触れることもできます。また、それまでの準備も楽しく気合いが入り、当日が待ち遠しいものでした。

私達は、ミーティングという名のお茶をしながら、「次は誰に来ていただこうか？」「今、誰に会いたい？」と、会いたい人の名前をワクワクしながら出し合っていました。あるとき、「この人だ！　今、この人に会いたい！」と、二人の意見が一致したことがありました。それは安倍昭恵さん、安倍晋三内閣総理大臣の夫人です。

これをいつものスターバックスで、盛り上がりながら話す二人。そして「問い合わせてみる！」とやる気満々の千恵ちゃん。今考えると、本当に身のほど知らずで大それたことをしたとは思うのですが、そのときの私たちは真剣でした。

私としては、「旦那さまを二度も総理大臣にさせた、究極の内助の功の秘訣をぜひ聞いてみたい！」というのが、お会いしたかった一番の理由でした。だって、そんじょそこらの「旦那さんを出世させる方法」とはわけが違います。

昭恵さんに連絡をしようとしていた千恵ちゃんですが、安倍総理の事務所の連絡先はあっても、昭恵夫人についての連絡先は見当たりません。そんなときに千恵ちゃんが、「昭恵さん、FaceBook（フェイスブック）をなさっているから、メッセージで直接連絡をしてみていいと思う?」と、これまたすごいことを言い出したのです。

私としては「それは、まずいでしょ」と常識的に思ったのですが、「どうなんだろう……千恵ちゃんに任せる」と返答すると、彼女は本当にフェイスブックのメッセージで昭恵さんに講演依頼をしたのです。

そうしたら!! なんと昭恵さんご本人から、「いいですよ〜」とメッセージが送られてきたのです！ あのときの私たちの盛り上がりようといったら、説明するまでもありません。

**とりあえず、やってみる**。

私たちはずっとこれを繰り返してきた気がします。昭恵さんのケースはよいお返事をいただけた例として一番ビッグな出来事でしたが、もちろんお断りの連絡が来たことも何度もありますし、そもそも返事すら来なかったこともあります。私たちはその一件一件について気にして落ち込むのではなく、軽く次々と球を投げてみることを大事にしてきました。

うまくいっている人は、「これが当たったらミラクルじゃない!?」というような、到底当たりそうにない球も、ポンポン投げているのだと思います。

**うまくいっている人は、投げている球数が断然多い。**

## リスト13 理想のビジョンから逆算して今日を見る

大きなビジョンを前にして、動けなくなることってありますよね。ビジョンについては、前著の『成功への扉が次々ひらく♡ミラクルレッスン』でも詳しく説明しましたが、今回はまた違う方法をここで紹介します。

私は未来の理想のビジョンから逆算して、「3年先」「1年先」「半年先」「3カ月先」「1カ月先」という小さなビジョンを設定します。そしてまずは「1カ月先」「3カ月先」はどうなっているのかを考えます。これは近い未来なので、とてもリアリティーがあります。近い未来のことを考えると、自分の掲げた「大きなビジョン」が「今日という日」に確実につながっていることが確信できるはずです。

そして次に、今日から1週間以内にやることをリストアップしていきます。リストにあげるのはなんでもよくて、たとえば「掃除をする」「フェイスブックをはじめてみる」「あの本を買ってみる」など、小さなことでいいので、今できることを書き出します。

今日からの7日間、あなたは理想の未来のために具体的に何をしますか。

現状を変えたいのなら、今までとは違うことをするべきです。**これまでのあなたの行動や思考がつくってきたのが「今」なのですから、今日からの行動と思考で「未来」ができあがっていくのは必然です。**

人に未来を言う、宣言することも大切ですが、「行動」することはそれ以上に大事です。それは、**人は相手の「言動」より、「行動」を信用する**からです。

私たちの生きている三次元の世界では、イメージだけですべてを叶えることは難しいと私は考えます。先にあげた映画「ビリギャル」の主人公の女の子がどれだけ強く「慶應大学に受かる」とイメージしても、実際に受験しなければ大学に受かることはないのです。これが、私たちの生きる三次元の世界です。もっと高次元の世界ではきっと、思考するだけですべてが現実化することもあるのかもしれませんが、ここではそうはいきません。

でも、**だからこそ、人生はおもしろいのです**。いろんな経験ができるし、さまざまなことを味わえる。私はスピリチュアルに詳しいわけではありませんが、神さまが私たちをこの三次元の世界で生かしてくれている意味がなんとなくわかる気がします。

ここにしかない楽しさや辛さを味わうことこそが、「自分の人生を生きる」ことだと思うのです。

リスト14

# 今日から理想の私になりきって生きる！

まだ本を出版する前、おそらく2014年の秋ごろだと思うのですが、私はノートにこんなことを書いていました。

テーマ【宮本佳実　10万部売れた本の著者として生きる】

・カバンは小さめ

10万部突破の売れている著者なら、今のように大きなバッグの中に毎日パソコンを入れて持ち歩かないはずだと思いました。

・焦らずいつも優雅に

私は少し落ち着きがないので、人気作家ならもっと上品ですてきなはず、という理想を込めて。

・街で声をかけられる

・セミナーが３００名満席
・多くの出版社から本の執筆依頼が来る
・サイン会に長蛇の列
・スタイルブックの執筆依頼が来る
・多くの本屋さんで私の本が平積みしてある

今改めて読むと笑えるのですが、これを書いた1年後には、「10万部突破」以外のすべてがこのとおりになっていました。

私は実はこれを書いたあと、「10万部売れた本の著者」として生きてみたんです。自分で言うのも恥ずかしい話なのですが、歩いているときも食事をしているときも、心の中で「私は10万部売れた本の著者」と唱えながら行動するようにしました。すると、歩き方も食事の仕方もなんとなく上品になり、背筋も伸びてくるから不思議です。

1年ですべてが叶ったこのとっておきの魔法を、みなさんもぜひ使ってみてください。「こんな自分で生きる」という理想を考え、そこからもう少し細かく、自分が叶えている未来をノートに書き記してみてください。

これは本当に効果あり♡

実証済みです!

# 第2章

# 「私」を生かす働き方リスト

6年前を思い出す。
起業したてのころ、いろいろなことを夢見ていた。
今よりずっとハングリーだったかも。
「あのころ、何してた?」とたずねられたら、こう答える。
「思いついたことを全部やっていた」
そんなの、「可愛いまま」とはほど遠い?

いいえ、「可愛いまま」=「私のまま」だから、
失敗も恐れず、軽やかに挑戦し続けることができた。
だって、私はゼロからはじめたのだから、
失敗したって、うまくいかなくたって、失うものなんてほとんどない。
ただ、ちっぽけな自分のプライドがちょこっと傷つくだけ。

それならば、可愛く、そして軽やかに♡
私らしく働きたい。

## リスト15 踏み出すときはスリッパのままで

私はＯＬ時代、「もっと自分を生かした仕事をしたい」「もっと私にしかできないことをしたい」「映画『セックス・アンド・ザ・シティ』のキャリーのように働きたい！」と満員の通勤電車の中でいつもモンモンと考えていました。

しかし、キャリーのように働きたいとは思ってはいたものの、「こういうことを本に書きたい」「こういうことを発信したい」ということを、当時から思っていたかというと、全くそうではありませんでした。

起業してからも「スタイルブックを出したい」「本を出したい」と常々思ってきましたが、そのときにもし本の出版の話が来ていたら、当時はパーソナルスタイリストをしていたので、「普通の女の子が可愛くなる方法」といった本を書いていたと思います。そして、その本はきっと、全く売れなかったでしょう。

この本の第1章で、「あなたはどんな人生を生き、そしてどう働くか」ということをイメージしていただきました。私は「キャリーのように働きたい！」「本を出したい！」と思っていましたが、それを叶えるまでに少し時間がかかりました。でも、「その時間があったからこそ、今がある」ということは確実に言えます。一つひとつ着実に、一歩ずつ歩いてきた結果が今につながっているのです。

では一体、私は何からはじめ、どうやってきたのでしょうか。この章ではそんなことを具体的にシェアさせていただきたいと思います。

私が実際にやってきたことですので、今、この本を読んでくださっているあなたには当てはまらないこともあるかもしれません。

でも、私は常々、**はじめの一歩は華麗じゃなくてもいい**と、みなさんにお伝えしてきました。一歩を踏み出すとき、「みんな、見て、見て！」と、とっておきの靴を履いて注目されながら華麗に一歩を踏み出したいと思われる方も多いかもしれませんが、本当はこっそり、部屋で履いていたスリッパのまま、勢いで外に出てしまうくらいがいいんです。外に出てから、靴に履き替えても全く遅くはないのです。

私はそうやって、スリッパで、時には裸足のままで、一歩を踏み出してきました。きっとこの章で紹介する数々の例を見て、みなさんにもその軽い一歩の感覚がわかってもらえるのではないでしょうか。

**軽い一歩をたくさん踏み出していれば、いざ華麗な一歩を踏み出そうというときに、自信を持ってクリスチャン・ルブタンの赤い靴を履き、胸をはって、歩き出すことができるのです。**

「一番はじめの一歩から華麗に！」と思うと、なかなか怖くて第一歩が踏み出せなくなってしまうのですよね。それではいつまで経っても、同じ場所にいるままです。

だからこそ、この章で、みなさんにも軽い一歩のコツをつかんでもらえれば、これほどうれしいことはありません。

私はワークライフスタイリストとして女性の新しい生き方・働き方を提案していますが、決して「起業をしたほうがいい」と述べているのではありません。私の経験から、「起業」という選択肢もあります、ということをお伝えしたいだけです。

これまで「起業」というと、事業計画書を書き、会社登記を行い、銀行から融資を受けて……と、難しそうなイメージばかりが先行して、ＯＬの方にとっては、「やってみよう」という気になるものではなかったと思います。

しかし昨今、起業は「プチ起業」ということばからはじまって、「女性起業」「一人起業」などと言われるように、私たち女性にとっては、身近で手の届く働き方の選択肢の一つになってきました。

でも、だからといって、安易に「起業」することを私はオススメしていません。起業することは会社勤めとは違い、毎月決まって入ってくるお給料もありませんし、仕事があるという保証もありません。もちろん時間的には自由ですし、人間関係も会社員のときと比べると悩むことが激減します。でも、その代わりにたくさんの不安が押し寄せてくることも事実です。

あなたの働き方は、すべてあなた自身が選ぶことなのです。もちろん、起業することも選択肢の一つですし、会社員として好きな仕事をするのもいいでしょう。また、副業という形で会社員と起業の両方のよさを体感することもできます。

私は、働き方にはいろいろな選択肢があるのだということを、みなさんに知ってもらいたいといつも思っています。そこから自分にぴったりの、一番心地よい働き方を選ぶ。たとえば、会社員から一度起業に挑戦してみて、「やっぱり、違うかな」と思ったら、会社員に戻るのでも、もちろんいいと思います。私はそれも覚悟の上で起業しました。

**働き方も生き方も、選ぶのは自分自身。本当に自由なのです。**

自由な選択肢の中で、あなたはどんな働き方を選ぶのでしょうか。きっとどれを選んでも、よい面もあるし、悪い面もある。ただ、こだわりたいのは、自分にはどれが合っているかということです。

あなたが、どの働き方が合っているのか、向いているのかをまだ決めかねているのだとしたら、今はもっと自分と向き合うときなのかもしれません。自分が本当に望むものがわかれば、自ずと答えは見えてくるものです。

最初はぼんやりでも、やがてはっきりと確実に♡

## リスト16 気になることの知識を増やす

起業する前に私がやったこと、それは、気になっている情報を「とにかく調べる」ことでした。

私は昔からファッションや洋服の買い物が大好きだったため、「誰かと一緒に洋服を買いに行くこと」を仕事にできないかと、本気で考えていたのです。そのとき私は、「ものすごく斬新で画期的なことを思いついた!」と、実は自画自賛していました。

でも、「もしかしたら、もう仕事にしている人がいるかも!?」と思い、インターネットで探してみることにしたのです。すると案の定、私の斬新で画期的だったはずのアイデアは、すでにたくさんの人が仕事として確立しているサービスでした。

そのことをあとになってまわりの人に話したら、「他の人がすでにやっていることを知って、もう遅いかも……と、落胆したりしなかったんですか？」と聞かれたのですが、私は逆に、「実際にビジネスをしている人がいるのなら、やっぱり私にもできるじゃん！」と、思ったのです。

でもきっと、他にやっている人が見つからなくても、「やっぱり、私が第一人者!?やったぁ！」と思ったはずなので、結果はどっちでもよかったと思います。

その後も、女性の起業家のブログや、同じような仕事をしている方のサイトをくまなくチェックする日々が続きました。マーケットリサーチと言えば聞こえがいいのですが、最初は情報収集の日々だったのです。

そこでは、「世の中には、すごい人がたくさんいるなぁ」と不安になったり、「私にもできるかも！」とワクワクしたりと、いろいろ感じることがありました。でも、起業前にあれだけ情報収集をしたことで、そこから自分に合いそうな「集客方法」や「ブログの書き方」を選んだり、参考にしたりして、今の私の働き方の基盤がつくれたのだと思います。

**知識を増やすことは、より自由になること。**

私は常にそう思っています。たくさんのことを知り、そこから選ぶ。一つひとつを大切に選んでいくことで、選択力もつくのです。

この選ぶセンスもやっぱり最初からあるわけではありません。最初は「あ、これじゃなかった」と失敗もしながら、自分にぴったりのものが効率よく選べるようになっていきます。選ぶセンスも自分で磨いていくのです。

だから、まずは選ぶ土台をつくりましょう。これは情報の蓄積です。「知らなければ、それを選べない」ということもたくさんあります。

**知っているからこそ選べるのです。**

## リスト17 情報を入れたらアウトプットする

情報を頭に入れすぎると混乱し、「何を選んでいいのか余計にわからなくなる」と思う人は少なくないかもしれません。その気持ちもすごくよくわかります。

情報を得るときにも、「好きなものを好きなだけ♡」の考え方が大変役に立つので、ここで紹介しましょう。

まず情報を入れるとき、たとえば誰かの本やブログを読むとか、セミナーなどに参加するときには、自分の「好き」という気持ちに正直に従って、それを選んでみてください。本の場合なら、本屋さんでこれはと思うものをパラパラと立ち読みして、ピンと来たら買ってみるのです。

「とにかく本をたくさん買って読む！」というのでもいいかもしれませんが、そんなに時間のある人は少ないですよね。だから私は、いつもこの方法で情報を取捨選択しています。自分が「ピン！」と来て、「これは気になるな」という情報を入れていくのです。

こうしていくうちに、「好き」で得た情報から、また新しい「好き」が生まれ……と、自分の選びたい情報が自然に増えていきます。それを繰り返していくと、あるとき、「以前なら選ばなかったものも、気になるようになっている！」と、自分の「ピン！」と来るものが増えたり変わってきていることがわかります。

**情報によって、「好き」もどんどん進化するのです。**

こうして情報を得たら、とりあえず実際に試してみましょう。私は本やブログで読んだこと、人から聞いたことで「これ、よさそう！」と思ったことは、すぐに試すようにしています。

本を読んだときやセミナーに参加したときは自分でもやる気になっていますから、そのモチベーションのまま「すぐ実践！」というのが、「軽やかに♡」のコツなのです。

来週からやろうと思っていると、そのやる気はなかなか持続しないのです。

**「すぐやる」――これ、ポイントです。**

また、「これはいい情報！」というものがあったら、私はすぐに誰かに話します。本の内容とか、人から聞いた情報とかを友だちに「これこれこうでね」と、説明するのです。

聞いたことや読んだことを、一旦、自分の中に落とし込んだあとに人に話してみると、理解度がさらにアップします。聞いたときに「ふむふむ」とわかったつもりでいても、それを人に話そうとすると、「あれ？　どういうことだっけ？」と思うことってありませんか。

そうです。人に話すときって、自分がしっかりと理解していないと、ちゃんと説明できないのです。ですから、情報が新しいうちに、誰かに話したり、ブログに書いてみたりするのがオススメです。

たとえばケーキが好きで、「自分でもつくってみたい♡」と思ってケーキのクッキングブックを買おうとしたとき、まずは簡単なつくり方のものを買いますよね。そして、つくってみる。実際にはつくらずに本を読んだだけのままだと、ケーキづくりのレベルはなかなか上がりません。実践が大事なのです。

そして、その本に載っているケーキがつくれるようになったら、「次のレベルの本を買ってみよう！」となります。こうして好きなケーキをつくっていくことで、「他のお菓子もつくってみたいかも！」と新たな興味が湧いてきて、また新しい「好き」が生まれるのです。

「好き」なことが自分のレベルを上げ、そしてまたさらなる「好き」を生み、選択肢を増やしていく。自分の「好き」から選んだ情報が、新たな「好き」をつくるのです。

そして、

**「好き」を選び、新しい情報を吸収したら、やってみる。**

その繰り返しが、自分をもっと軽やかに、自由にしてくれます。

## リスト18 たくさんの人に向けて「自分」を発信する

現代は、SNSという便利なツールがあるいい時代ですよね。何かを「はじめよう！」と思い立ったら、誰でも今日からなりたいものになりきって、発信できてしまうのです。

たとえば映画が好きなら、観た映画の感想やオススメの映画をSNSで発信したり、猫好きだったら、自分の家の猫の様子を毎日アップしたりして、たくさんのファンがついたという人もよくいます。**自分のライフスタイルの「ここはちょっと自慢♡」ということや、「ここはこだわっている！」というところを切り取って、気軽に発信できる**のが、今の世の中なのです。

ビューティリアでメイク講師をしている、ブログネーム「いつたけ」こと宮島麻衣《まい》さんは、Ameba blog（アメーバブログ／アメブロ）の人気ブログ月間総合ランキングの1位になるほどのカリスマブロガーです。

彼女がブログをはじめたきっかけは、化粧品などのサンプルを試せるモニターサイトに登録するのに、アメブロのアカウントが必要だったからです。それで、「登録したし、せっかくだからコーディネートでもアップしようかな」と、自分の毎日のコーデを写真に撮ってブログに載せたところ、人気が大爆発。アクセス数はどんどん上がり、現在では1日30万PVを超えているそうです。2015年には本も出版し、自身が開いているメイクレッスンも人気です。


何げない日常の中で、「これ、ちょっと得意だな」「こだわっている!」と思っていること、たとえばファッション、料理、インテリア、部屋の片づけ方、ペット、子どものグッズ、電化製品、美容コスメ、本、映画と、なんでもいいんです。それを切り取って少しずつ発信する。写真と、文章が書けるのならば自分のこだわりポイントをまとめたものを少し載せる。

そうしているうちに、そのブログを見て、「それすてき!」「私もそんな風にしたい!」「参考になる」と共感し、憧れてくれる人のアクセスが増えていきます。

また、気軽に自分の情報を発信したいのなら、今はinstagram（インスタグラム）がオススメです。ブログに比べて投稿が簡単ですし、「＃」のハッシュタグをつけて投稿することで、同じ興味を持つ人に情報を届けられます。気軽にフォローできるので、おしゃれな写真を撮ることが得意な人は、フォロワーがすぐに増えるはずです。ファッション系やアクセサリー系など、おしゃれに関する仕事をしている人は、インスタグラムでサービスやものが売れることも多いようです。自分の「おしゃれなセンス」を売りたいという人は、ぜひはじめてみてくださいね。

**あなたのセンスを隠しているなんてもったいない。たくさんの人に広めましょう。**

## リスト19 友だちにモニターをお願いする

「佳実さんが起業したときは、友だちに言いましたか？」

みなさんからこういう質問をよく受けるのですが、私は「これからパーソナルスタイリストという仕事をしていこうと思うの！」と、友だちに言ってまわりました。そして、友だちだけでなく、そのまた友だちにまでモニターになってもらい、できるだけたくさんの人にスタイリングや診断の練習をさせてもらいました。

思い返してみると、司会の仕事をしたときもそうでした。友だちに「司会のスクールに通っていて、もうすぐ本番デビューするの！　誰か、まわりに結婚するお友だちはいない？」とメールをたくさん送っていました。起業したてのころは、「こちらからお金を払ってでも、やらせていただきたい」というのが本音です。

結婚式の司会の場合は特にそうで、一生に一度の結婚式を新人の司会者に頼む新郎新婦は、まずいません。だからこそ、友人に「誰かこれから結婚される方で、新人の司会者でもいいという方、無料でやらせてください」と、連絡しました。

誰だってみんな、最初は新人だし、成功するか失敗するかなんてわかりません。もちろん成功したいし「すごいね」と言われたいのですが、最初から自信なんてあるわけがないのです。

私もそうでした。**だからこそ、練習させてもらうのです**。そんなときに頼りになるのが、気心知れた友人たちでした。

友人だけでなく、その友だち、パートナー、家族など、お願いできる限り、モニターをお願いしました。そして、**そこからフィードバックをもらうのです**。

「どうだった？ 私の説明、わかりやすい？ サービスに納得できた？」と、感想をしっかり聞きます。仲のよい友人だと遠慮がないので、はっきりと意見を言ってくれるところもありがたかったです。

そして仕事の内容を改善していく。そうやっているうちに、実際にお客さまからの申し込みが入るころには、少しずつ自信がついてきていました。

## リスト20 仕事を進めていく上で必要な写真を撮る

友だちにモニターをお願いする際、一緒に写真も撮らせてもらうといいと思います。
実際にサービスをはじめてしまうと、お客さまに「サービス中の写真を撮影していいですか?」とお願いするのは失礼になりそうで気がひけます。でも、何もないところから集客をしていく上で、写真は必要不可欠です。

サービスを受けてくれているところを撮った写真や、サロン内などの風景、使った小物(私の場合はパーソナルカラーのドレープ《布》やメイク道具)を撮影しておくととても便利でした。それをそのあとにアップするブログなどのSNSやホームページ、チラシに使うことができます。

チラシに写真を使うのであれば、プロのカメラマンに頼むのが一番いいのですが、費用の面などで難しい場合は、写真撮影が得意な友人にお願いするのもいいでしょう。私も、起業したてのころの自作のアメブロのヘッダーやチラシに載せていた写真は、素人が400万画素のデジカメで撮影したものでした。そうです、

**はじめから完璧を目指さなくてもいいのです**。

最初はお客さまに対するブランディング(他と差別化できる個性。詳細は126ページ参照)もしっかりと定まっていないし、やっているうちに、サービスや伝えたい

ことも少しずつ変わっていくはずです。だからはじめは、極力お金をかけずに自分のできる範囲でやっていました。

お客さまも少しずつ増え、いろいろな方にサービスを提供し、毎日ブログで発信する中で、自分のブランディングも決まっていき、それからプロにサイトのカスタマイズやチラシの作成をお願いしても決して遅くはありません。

最初はやることがたくさんありますが、**これもマイペースに楽しく♡**

これらの進捗状況をすてきに切り取って、ＳＮＳで発信すると、興味を持ってくれる方がいるかもしれません。ぜひ、すてきに演出してみてください。

## リスト21
## わからない「あのこと」はすぐに調べる

ブログの書き方も、ホームページのつくり方も、チラシのつくり方も、すべてに無知だった私の先生は、Google（グーグル）とYahoo（ヤフー）でした。わからないことがあったら、とりあえずネットで検索して調べるんです。

たとえばアメブロのリンクの張り方、記事内の文章を囲む線の入れ方、フォントの大きさや色を変えることまですべて、グーグルで検索してやり方を覚えました。ありがたいことに、初心者でもわかるように丁寧に説明してくれている人がネット上にはたくさんいます。その説明どおりにやれば、知識のない私でも大抵のことはクリアできます。

私はアメブロのカスタマイズでつけられる、ヘッダー下のメニューバーの設置方法でさえ、グーグルで調べました。プログラミングに関してはなんの知識もありませんでしたが、ネットの説明どおりに作業して仕上げることができました。現在アップしているブログのカスタマイズはプロにお願いしていますが、当時覚えた知識が、依頼するときにも役立っていると思います。

また「これはどういう意味かな？」と、知らない言葉が出てきたときも、そのままにせずに、ネットや辞書などで調べるようにしています。

昨今、学校で習ってこなかった新しいことばが増え、特に仕事をしているとカタカナの難しい言葉が飛び交うことも少なくありません。わからない言葉を耳にしたり、目にしたりしたときはすぐに調べるか、それができない場合は携帯やメモなどに記しておくと、あとから調べられて気分もスッキリします。

「これはどうしたらいいかな？」「これはどういう意味かな？」ということが出てきたら、人に聞く前に、一旦、自分で調べてみることをオススメします。なんでもかんでも人に聞いていると、答えを得るまでに時間がかかるので作業が遅れますし、メールなどで聞いても返信がすぐに来るとは限りません。また「この人は自分で考えないで、すぐ人に聞いてくるな」という印象を与えてしまうこともあります。

**人に聞く前に、一度自分で調べてみる。**

調べてもわからないときは、私はその分野の得意な人に聞くようにしています。

リスト22

# 今の状況に合わせて働く場所を選ぶ

起業するときにみなさんが悩むのは、「何かやりたいけど、場所はどこでやろう？」ということですよね。

私は最初、自宅のリビングをサロンにしていました。自宅が名古屋の中心部から離れていたこともあって、サロンのオープンから1カ月ほどで、そのとき通っていたエステサロンの一角を借りることにしました。

自分から「貸してもらえませんか？」と聞いてみたら、意外にも「いいですよ！ぜひ！」と快く言ってもらえて、時間貸しでレンタルできることになったのです。このときも「聞いてみるものだな〜」としみじみ思ったものです。

現在は、私が起業したころよりもずっと格安のレンタルサロンのようなスペースが増え、何かをはじめるときの場所は探しやすくなっていると思います。エステやマッサージなど、ベッドが必要な業種にも対応しているレンタルスペースもあるので、インターネットでぜひ探してみてください。

私の場合、サロンをオープンしてから半年ほどが経ち、お客さまも順調に来てくださるようになると、予約が入るたびにレンタルしていたエステサロンの場所を確保することが難しくなり、自分で事務所を借りることにしました。名古屋駅からほど近い、可愛いオフィスビルの一室で、家賃は８万円くらいだったと思います。

そこが私のはじめての小さな小さなお城でした。お気に入りの家具を買い、食器を買い……と、オープンの準備をするのがとっても楽しかったことを覚えています。

そしてその１年後の離婚を機に、私は一人暮らしをはじめることになりました。最初はサロンをそのまま維持しながら、もう一軒、家を借りることも考えましたが、「経済的ではないな」と思い、サロンを手放して少し広めの部屋を借り、自宅兼サロンにすることにしました。

ブログやチラシと同じように、仕事場に関しても最初から完璧を目指す必要はなく、まずは自宅の一角や、レンタルスペースからはじめるというのも、いい方法だと思います。お客さまが増えたり、スタッフが増えたりと、今の場所が手狭になったら、ステージアップすればいいのです。

「自宅サロンだと、住所をネットなどに載せることになって、セキュリティの面で心配です」という声も聞きますが、ホームページやブログに詳しい住所を載せる必要はありません。ネットには「○○駅から何分」「××県△△市□□町」といった記載にすれば心配ないでしょう。

あとは受講などを申し込んでくれたお客さまにだけ、詳しい住所や道順を示す形で解決します。

思えば私は、自宅サロン、レンタルサロン、独立サロンと、三つの形を経験してきました。今では、オフィスはもちろん、自宅のリビングでも、カフェでも、ハワイのホテルの部屋でもどこでも、そのとき好きな場所で自由に仕事をしています。そのときどきのワークライフスタイルに合わせて、場所も身軽に変えられるのです。今のあなたのワークスタイルにはどの場所が最適でしょうか。どの場所にいる自分を想像すると、一番しっくりきますか。

**この「しっくり」感がとても大事だと思います**。

「とりあえずは形から入ろう！　気合いを入れよう！」と、勢いよく自分のサロンを借りたのはいいけれど、「お金、払っていけるかな……」と、びくびくしているのでは、本末転倒です。女性の場合はやはり、ちょっと余裕があるぐらいのほうが、自分らしく働けるのではないかと思います。

あなたのスタイルと「しっくり感」で、自分だけの働く場所を選んでみてください。

リスト23

# 理想の未来を書いたノートを見返す

離婚後、新しい家に引っ越し、そこを自宅サロンにしたときが、私の人生で金銭的に一番苦しい時期でした。

起業準備で蓄えを使ってしまい、貯金もほとんどないままでの離婚でした。一人で住むための家を借りるのと事務所を引き払うのとで、まとまったお金がたくさん出ていった上に、2、3カ月は新しい家とサロンの家賃を同時に支払わなければならない状態でした。「この先、本当に大丈夫だろうか……」と、不安で涙することもありました。

新しく住んだ家には、ネット環境がまだ整っておらず、サロンで夜中の1時くらいまでブログを書いたり、サービスメニューを練ったり、お客さまにメールを送ったりしていたことを思い出します。がんばっていたというか、家に帰っても不安になるだけだから、そのことを打ち消すためにずっとパソコンに向かっていました。

テレビがなかったので、家にいるときは、iPhoneからスピーカーなしで直接音楽を流して気を紛らわせていました。冬でしたので、ものすごく寒くて心細かったことが記憶に残っています。

「来月もちゃんと家賃を払えるのかなぁ」と、最初の数カ月は毎月思っていました。

本当に辛いとき、私はとりあえず泣いて、落ち込んで、そのあとはいつも理想のビジョンを思い出すようにしていました。

**理想の未来♡**

それをワクワクイメージしたあとは、一番心が落ち着くこと、私の場合は、お気に入りの音楽を聴く、パソコンで「セックス・アンド・ザ・シティ」のDVDを観る、マンガを読む、ショッピングに出かけるといったことをしていました。

まわりから見れば「仕事、ものすごくがんばっているね」と思われていたかもしれませんが、私はそうしていないと不安だったし、心が落ち着かなかったから、そうしていたのだと思います。

今でも、何かに不安になったときは、一旦、思いきり落ち込んで、そのあと、自分の理想の未来を書いたノートを見ます。

**今日はその未来をつくる大事な1日です**。

今日の涙も、明日に絶対につながるし、1年後には笑い話になると思うから。

そしてそのあとは、ノートを前に自分と向き合ったり、家族や友達に愚痴ったりと、なんでもいいのです。自分が一番心地よくなれることを、自分のために選んでみてください。

リスト24

## ブログを立ち上げてみる

私がサロンをはじめたときは、「起業」をしたという大それた意識はあまりありませんでした。でもとにかく、やるならば「まずはお客さまに来てもらわなければ！」と、集客のことを一番に考えました。

最初は集客にもお金をかけられないので、起業する前に司会者として書いていた無料ブログを利用してタイトルだけを変更し、新しいパーソナルスタイリストの仕事についての情報を発信していました。その数カ月後、「心機一転！」と、新たに立ち上げたのが、現在のブログです。

前にインスタグラムのことをお話ししましたが、私は、インスタやフェイスブック、Twitter（ツイッター）などは、どちらかというと自分のブログを見てもらうための窓口の役割として考えています。

ブログによい記事をたくさん書いたとしても、待っているだけではなかなか人は見てくれません。そこで、多くの人にブログ記事を読んでもらえるように、インスタやフェイスブックなどで自分のことを広く知ってもらうための営業活動をしているというイメージです。

私がブログをはじめてまず心がけたのは、**なんでもいいから、毎日書く癖をつけたこと**です。

毎日続けることは、簡単なようで、実は結構大変なことでした。今でこそ、たまに書かない日もありますが、起業当初は1日3記事を毎日アップしていた時期もありました。これは記事をたくさんアップすることで、アクセス数を上げるためです。

「こうすると、アクセス数が上がるらしい」と聞いたことは、とりあえず試してみる。そんな数年間だったと思います。

では、書きたくない日はどうしていたのかというと、「うーん、うーん」と唸りながら、どうにか絞り出して書いていました。あまり答えになっていないようですが、これが私の現実でした。

1日3記事も書いていたら、書くネタもなくなります。だから常に、ブログネタを考える日々。デートをしていても、電車の中でも、アイデアが思いつけばすぐに携帯のメモアプリに書き込む。

アイデアって、そのときに閃いても、数時間後には忘れてしまうんですよね。これは、私の記憶力が悪いせいかもしれませんが……。自分でそれがわかっているから、すぐにメモをとる癖がついたのかもしれません。

昔に比べて今では、ブログ、メルマガ、本と、発信する情報量は格段に増えました。だから今でも私は、「何を書こうかな?」と考える日々です。もちろん、思いついたら即メモ。そうそう、昨日も眠りにつこうとしたら、ふと、いい文章が思いついたので、ベッドの横に置いてあったiPadのevernoteに、眠たい目をこすりながらメモしました。

そんな風にブログに書くことを探しながら、自分が考えていること、いいと思っていることを発信するうちに、私にとって「発信」はとても楽しいことなのだと気づきました。そして、ブログをはじめたことで、「この集客方法は、私に合っているな」と知ることができたのです。

もう何年もブログを書いていますが、どんなことを書くと反応がいいのか、何をすればアクセス数が上がるのか、試しては改善する、また試しては改善する……これをずっと繰り返しています。

試したことが上手くいかなかったとしても、単なる失敗として片づけるのではなく、「こういうのは、あんまり当たらないんだな」と、自分の「オリジナルのやり方」をつくるための大切な情報としてストックします。そうするとそのストックが、後々あなたの財産になるのです。

それは他人の「これは当たらないよ」という情報より、何倍も価値のある情報です。巷にあふれている情報すべてが、自分にとって有益でピッタリ来るかといえば、そうではありません。多くの人にリサーチしたものであるのなら、なおさら一般論です。

でも、自分が導き出した結果としての情報は、自分にとっては一番有益です。こうした情報をたくさんストックしておけば、その後の選択がよりスムーズに、的確にできるようになります。

まずは、ブログを立ち上げてみること。そして、なんでもいいから書いてみることです。「自分の方向性が決まってから、ブログを立ち上げます」「ブログは、書くことが決まってからやってみます」と言う方がよくいらっしゃいますが、そうではなく、今すぐはじめてください。自分の方向性や書くことは、やりながら決めればいいのです。実際に方向性や書く内容は、ブログをはじめてからのほうが、決まるのも早いものです。何もせずに頭でグルグル考えているだけでは、出てくる答えもなかなか出てきません。

「こんな中途半端な状態でブログをはじめてもいいのかな……」と思う方もいるかもしれませんが、大丈夫。人はそんなに見ていませんから（笑）。

たくさんの人が見てくれるようになるころには、あなたのブログもすてきなものになっているはずです。

**ブログとともに、自分も成長すればいいのです♡**

私はブログを主にSNSの活動をしていますが、人とSNSにも相性がありますので、フェイスブック、インスタグラム、ツイッターなどからはじめても、もちろん問題ありません。いろいろ試してみて、自分に一番合うメディアを見つけてくださいね。

大事なのは毎日書く、そしてそれを続けることです。

リスト25
# ＳＮＳに依存しすぎない

ＳＮＳを使って仕事をしていると、「中毒のような症状になりませんか？」と言われることがあります。

その答えは、「はい、なりそうになります」です。

昔はブログの毎日のアクセス数に一喜一憂していましたし、フェイスブックの「いいね！」が誰からついているのかもチェックしていました。それをしていないと不安で、１日に何度も何度もＳＮＳを見てしまう。そんな毎日を送っている時期がありました。

私は24時間、常に仕事のことを考えていると言ってもいいほど、仕事が楽しいし、大好きです。それが高じて、夕食が終わってパートナーとソファーに座ってテレビを見ているときにも、膝の上にパソコンを抱えているという生活を送っていました。リラックスしているはずのときも、仕事をやりながら……だったのです。

でもそんなある日、彼から「その態勢、やめたら？」と言われて、私はハッとしました。「これってもしかして、全然リラックスできていないこと？」と。それからは、急ぎの仕事がないときは、夕食後にパソコンや携帯を見るのをやめました。

二人の時間にまでパソコンを抱えて仕事をしている私を見て、彼はあまりよく思っていなかったのだと思います。私も、大切な人といるときは、そのことに集中することが大事だなと、今はすごく思っています。

仕事に集中してしまう人は、私のように「この人ならわかってくれる」と、大事な人をついつい二の次にしてしまいがちです。でも、ＳＮＳにばかり気をとられそうになったときは、「私にとって、一番大事なものは何？」と、自分に問いかけてみてください。ＳＮＳは所詮バーチャルで、リアルではありません。そこにどっぷりはまるのは、やっぱりスマートではないのです。

可愛いまま、自分らしく働く私たちは、ＳＮＳはあくまでもツールとして上手に使って、リアルな生活こそ充実させていきましょう♡

ＳＮＳは、あなたのリアルな生活を侵す魔物ではなく、あなたのすてきなリアルな生活を多くの人に伝えるための魔法なのですから。

## リスト26 必要ない情報とは距離を置く

先日、スタッフからこんな相談をされました。

「私ももっと勉強しなくちゃと思って、いろんな人のブログやフェイスブックを見てたんですけど、余計に焦って不安になってしまって……。こんなんじゃダメだ、仕事でもなんでも、もっとなんとかしなくっちゃと思っているんですが……」

同じような悩みを持っている人は、もしかしたらたくさんいるのかもしれません。

私は、読んで不安や焦りを感じるような情報は、見ないようにしています。

これは情報をたくさん得るという私の考え方に反するのではないかと感じる方もいるかもしれませんが、自分の気持ちが優れなくなるような情報は、心にも体にもよくありません。

意図的にそうしていたわけでもないのですが、私は起業当初の時期を除いて、これまで自分よりものすごく先を行っている人のブログしか見てきませんでした。もうすでに本やメディアに出ている人は、そのときどきの自分よりも遥か先で活躍している人。見ても不安どころか、やきもちすら感じないような人たちの情報を本やブログから得るようにしていました。

いつもそれでやる気を保っていましたし、ものすごく先を行く人たちを目標にもしていました。

あるとき、スタッフがこんなことを言っていました。私は彼女に出会ったころから「自分の本を出したいんだよね」と言っていて、それを聞いたスタッフは「なんかすごいことを言う人だな」と思っていたらしいのです。

もしかすると当時の私は、自分よりも遥か先の人の情報を吸収し、目標にしていたので、そんなことをヌケヌケと言うことができたのかもしれません。

情報はたくさんあったほうがいいと思いますが、それを見て、自分の心がざわつくのなら、そこから一旦距離を置くほうがいいのです。たくさん入れてもいいのは、吸収すればするほどワクワクするような情報だけです。

でも、これだけ情報があふれている現代です。うちのサロンのスタッフのように、他の人のブログやフェイスブックを見ることで、焦りや不安を感じて悩む人も少なくないのかもしれません。

確かに、誰かの活躍を見ると、やきもちを焼いてしまうことは、誰にでもありますよね。でもそれは、自分もそうなりたいと思っていたり、そうなる可能性があるからだと私は思うのです。

だから、焦ったり、自分を見失ってしまいそうになったら、一旦心を落ち着かせて、「そうか、こういうことに心が反応するっていうことは、私はこういう風になりたいって思っているということなのかも！」と、焦りのもとになった情報を、自分の心の中をはかる一種のバロメーターとして考えればいいのではないでしょうか。

でも、それもなかなか難しいと思いますので、焦りを感じるような情報は、しばらくは見ないことが一番です。

私も昔、情報を見て「心が少しざわつくな～」と思うことがあったので、その情報からはずっと遠ざかっていました。でも、今それを見ると、何も感じなくなっています。自分が伝えたいこと、やりたいことをしっかりと見つけ出せれば、どの情報にも心は冷静なままで、「その意見はすてき！」「この人の活躍もいいな」と思えるようになるのです。

そうなるまでは、あふれる情報からは適度に距離を保ち、自分の心を平穏に保つことが大切です。それは決して悪いことではないのです。恋愛だって、距離を置いたほうがうまくいくこともたくさんあるでしょう？

**心をかき乱す情報は意図的に見ないようにする。**

自分を心地よい場所に置くために、大事な方法です。

リスト27

# 提供するサービスのメニューを決める

先日、起業当時によく会っていた友人に久しぶりに会ったとき、「佳実も起業したてのころは、『サービスのメニューをどうしよ～、値段どうしよ～』って、よく言っていたよね」と言われました。それを「懐かしいな～」と聞いていた私。

最初は本当に手探り状態でした。価格決めについても、ネットでの「市場調査」からはじめました。同じようなサービスをしている方のサイトでメニューや価格を見て、だいたいの相場を知りました。

その相場から、メニューは「松竹梅」の3種類にするといいと聞いたので、3種類のコースメニューをつくりました。このとき、真ん中の価格帯のものを一番売りたいメニューに設定しました。

みなさんも経験があると思いますが、レストランのコースメニューなどはだいたい3種類あることが多くありませんか。その場合、ほとんどの人が「一番高いのはちょっとな～、かといって一番安いのも……」と思い、真ん中のメニューを選ぶことが多いのです。

私は、真ん中を一番の看板メニューにし、その下に少し安めのライトなコースを、その上に高額な（でも一番割安になる）コースをつくりました。そうすると、80％の方が真ん中のメニューを選ばれる結果となりました。

みなさんも、何かを買いたいと思ったとき、メニューがたくさんあると、どれを選んだらいいのかわからなくなり、選ぶことが面倒くさくなって、買うこと自体をやめてしまうことってありませんか。だからこそ、

**メニューはわかりやすくすることが重要です**。

だからメニュー表ができたら、まわりの人に一度見てもらってください。そこで、

「これ、どういう意味?・」と聞かれたら、もう一度書き直しです。**メニュー表を見ただけで、誰もがあなたのサービスを理解できるように書いておくこと**が、必要不可欠なのです。

メニューはわかりやすく♡簡潔に。

## リスト28 価格は安くしすぎない

私は日ごろから「価格競争に勝っても、いずれ同じことで負ける日が来る」ということを、セミナーの生徒さんたちに伝えています。

以前、Amazon（アマゾン）に商品を出している会社で働いている方におもしろい話を聞きました。アマゾンでは多数のお店が同じ商品を出品しています。商品は全く同じなので、ユーザーが選ぶ基準は「価格」しかありません。だから1円でも安くしたほうが勝ちです。

出店しているお店は、ライバル店より価格を常に安くしておくために、アマゾンのサイトをずっとチェックしていなければなりません。自分のお店が1円でも安いときは、おもしろいくらい注文が入ってくるのですが、ライバルのお店がまた1円安くすると、ものの見事にそちらに注文が流れてしまうそうです。

こうした価格競争を個人事業主がやると、体力が持ちません。

だからこそ私は、低価格をアピールしてビジネスすることをオススメしないのです。

なぜならば、価格競争に勝っても、いずれまた価格競争に負ける日が来るからです。

**価格の安さにではなく、自分やサービスに価値を置くこと**。

それが大事だと、日ごろから私は考えているのです。

私はサロンをはじめたとき、まずは無料モニターを募集しました。ブログで「サロンをオープンしますので、無料モニターを募集します」という告知をしたのです。友人にモニター協力をしてもらうのと並行して、全く知らない方にもモニターに来てもらえたらと考え、募集をかけました。

その募集で、何人かの方が来てくださって少し自信がついた私は、「プレオープン」の形で全メニューに半額の価格設定をして、サービスを提供しました。そして、プレオープン後数カ月を経て、正式オープン。それからもオープン記念価格という形で30%オフでサービスを提供し、その後正規の値段にするという段階を踏みながらの価格展開をしました。

最初から自分のサービスを人気のある人やベテランの人と同じ値段にするのは気がひける、という方もいると思います。その気持ちは、私もよくわかります。ですから、段階を踏まえて徐々に自分の希望の価格にするということでも、もちろんいいのです。

最初は、お客さまの反応を聞きながら、サービスの内容をどんどんブラッシュアップしていくことも必要ですし、そうすることで自分にも自信がついてくるでしょう。

そして、「そろそろ価格を上げるときかも！」と、思えるときが来るのです。

自分自身が「私のメニュー、高い気がする」と思っているようでは、お客さまは絶対に来てくれません。自分が自信を持って、「このサービスなら、私はこの金額をサラリと払える！」と納得できる金額が一番なのです。

**価格設定も、軽やかに、私らしく♡**

それが私のモットーです。

## リスト29
# 工夫をこらしたフライヤーをつくる

私は起業当初、ブログ集客とは別に、葉書サイズ・名刺サイズのフライヤー（広告チラシ）をつくって、知り合いのカフェや美容室に置いてもらっていました。

なんといっても私は、「思いついたことは全部やる」という精神の持ち主です。私がどんな風にチラシをつくったのか、紹介しましょう。

チラシは、大きなサイズのものより小さいもののほうが、お客さまに持ち帰ってもらいやすいようです。フライヤーをたくさん置いているカフェの方が、「名刺サイズのものが、持ち帰ってもらえる可能性が一番高いよ」と言っていました。名刺サイズだと、手にしたあともお財布などにスマートに入れられるので、このサイズは私もオススメです。

ただし、名刺サイズとなると文字の入るスペースが限られるので、情報を効率よく入れることが大事です。このチラシを見ただけで来店を決意してもらうことは難しいので、ブログやホームページに誘導することを目的にしてつくるといいと思います。

私もこの名刺サイズのプチチラシには、「おしゃれ美人のコツを毎日発信中！　宮本佳実ブログ」というコピーとブログアドレスを載せていました。

また、簡単なサービス案内と「一押し（オススメ）メニュー」も記載しました。

そして最も大事なのが写真です。百聞は一見に如かずで、文章を読むよりも写真で見たほうがイメージが伝わりやすいですよね。ここでは、サービス内容がイメージできる写真を大きめに入れました。

あとは、連絡先と自分（サロン）の名前、場所（前述したとおり、自宅サロンの場合は住所を詳しく載せる必要はありません。最寄駅から何分というような記載で十分です）を載せておけばいいでしょう。

私の場合は、**簡単なメニューも載せていましたが、値段は書きませんでした**。これは考え方によると思うのですが、当時私のサロンの平均単価は2万５０００円でしたので、最初にこのチラシを見ただけで「高いな！」と思われてしまい、ブログを見る前に興味をなくされる可能性があると思ったのです。

ブログでは、名刺サイズの情報からは得られない価値を届けることができます。その上で、価格を見て、サービスに興味を持ってもらいたいとの思いから、このようなリーフレットづくりをしていました。

リスト30

# 最初は手づくり名刺を用意しておく

起業当初、私は女性で起業している方や異業種交流会に所属している方のブログやサイトをよく見ていました。そこで「これ、行ってみたいな」と思うイベントを見つけると、翌日でも予約して参加していました。そうすると「名刺がない！」ということが多々あります。そんなときはワードのテンプレートで即席でつくり、自分で印刷して持っていくことも日常茶飯事でした。

起業したてのころは、サービス内容やメニューはもちろんのこと、肩書きすら定まっていないことが多いものです。その時点でプロの方にデザインしてもらってから名刺を印刷してもらうのではコストも時間もかかるので、自分でつくり、そのとき使う分だけを印刷するほうが、情報は更新しやすく経費も節約できます。

「オフィスを自宅にしているんですが、住所を入れても大丈夫？」という人もいるかもしれませんが、名刺の場合も、ブログやチラシの記載と同様、住所を書かなければいけないというものでもありません。もちろん自宅の住所を書いてもいいのですが、抵抗がある方は携帯番号、メールアドレス、ブログやフェイスブックなどのSNSのアドレスを記載しておけば十分です。そうすれば、あとでSNSでつながることができ、人脈が広がります。

メールアドレスや電話番号についても、起業してから少し時間が経つと、オフィスで独自にドメインをとったり固定電話を引いたりと、状況も変わってきます。事務所の環境が整うまでは、自分で印刷するか、それが難しい場合はネットで検索し、3000～5000円のあらかじめテンプレートが決まっている名刺を注文するのもオススメです。

「行きたいイベントがあるけど、名刺がないから行けない」なんて、尻込みするのはナンセンス。名刺は自分ですぐつくれます。

# 第3章

# 「私」自身をブランドにする
# 働き方リスト

会社という大きな看板がなくなって、
「どうやって『私』を選んでもらう？」
そんなことをずっと考えていた。

私はどんな存在になりたい？
HERMÈS エルメス？
LOUIS VUITTON ルイ・ヴィトン？
TIFFANY ティファニー？
どのブランドも、最初は無名だった。
どのブランドにも、それぞれのヒストリーがある。

だから、そう、今は無名の私も、
ヒストリーを紡いでいくの。
それが「私」というブランドになるのだから。

リスト31

# 「自分の思い」を届けたい人を考える

先日、サロンのスタッフと「今一度、自分が心から『こういうお客さまに来てほしい』という人を考えてみよう」と話し合い、それぞれが「自分は一体どんな人にサービスを届けたいのだろう?」と考え、「自分の思いを届けたい人（ターゲット）」について細かく書き出してもらいました。

名古屋サロンのスタイリスト榊原恵理（通称：えりちゃん）のお客さまのイメージはこんな感じでした。

「会社ではお局さん扱いで、チヤホヤされるのは新入社員の女の子ばかり……。これまでの自信を失ってしまい、『変わりたい!』と強く思い、自分磨き・女磨きに励む日々。お料理にベリーダンス、美容室にネイルサロンと、自分磨きをがんばってはいるけれど、前の失恋で恋にも臆病になっていた。

そんなとき、新しい取引先の、ある男性と出会う！
30代になり、自信がなくなっている今……どんな洋服を着たらいいのか、いまいちわからない。そんな悩みの中、パーソナルカラーや骨格診断で似合う洋服の診断をしてもらえるビューティリアというサロンを知り興味を持つ♡」

ものすごく細かいですよね。これ、実は数年前のえりちゃん本人の姿です。昔の自分と同じような悩みを持った人に、一緒に似合う洋服を選びながら、その人の人生にも寄り添いたい。そんなえりちゃんの優しい人柄と気持ちが伝わってきます。

**このように、「伝えたい人」を細かくきちんと決めておくと、自分が「伝えるべきこと」が自ずとわかってきます。**

だから、「思いを伝えたい人」の設定は細かく書くことがオススメです。とりあえず多くの人に買ってほしいからと、「アラサーの女性の方ならどなたでも！」などとアバウトに設定してしまうと、ブログなどでこちらから発信する内容も、「誰にでも当てはまる」ような中身の薄いものになってしまいます。その結果、「誰もブログの広告記事を読んでくれない」なんていうことにもなりかねないのです。

多くの種類が出版されているファッション雑誌を見ても、「30代のカジュアル系」「40代のママエレガント系」などと、そのターゲットが年齢や系統で分かれています。これがもし、たくさんの人に読んでほしいからと、誰にでも当てはまりそうな「女性なら誰でも読める、おしゃれなものがぜーんぶ入った雑誌」というアバウトな設定でつくられたとすれば、ほとんど読まれない可能性が高いのです。それはターゲットが広すぎて、「私が読むべき雑誌だ！」と誰も思えないからです。だからこそ、

**「思いを伝えたい人」をしっかりと決める。**

そうしないと、自分の伝えたいことがぶれてしまいます。

「自分の思いを届けたい人」「自分の思いを伝えたい人」をしっかり設定することで、伝えたいことそのものも明瞭になっていくのです。

リスト 32

# 集客にも「自分の思い」を乗せる

私は集客が好きです。そう言うと大抵、「変わっている」と言われますが、きっと、自分が発信したことが数字として顕著に表れるところが私は気に入っているのだと思います。

そんな私でも、集客に悪戦苦闘したことは何度もあります。イベントを主催しているときに、「うー！　人が集まらなくて赤字だ」ということも、もちろんありました。

その中の一つのエピソードをここで紹介します。

イベントコミュニティ「アクチュアルミー」で、私たちがとても憧れていた人を招いてトークショーを主催したことがありました。その方はとても著名な方だったのですが、私たちの力不足で、３００席の会場に１５０名ほどしか集客できませんでした。

当日を迎えるまで、集客できないことに頭を抱える日々が続きました。知らない店を何軒もまわってチラシを置いてもらったり、ありとあらゆるＳＮＳで発信したり、ずっと連絡をとっていなかった友人にもメールをしたりと、思いつく術をすべて尽くしましたが、参加者が集まらなかったのです。

とても残念でしたが、とにかく「イベントの日は心から楽しんでやろう！」という気構えで、その日を迎えました。

当日私は、名古屋駅の新幹線の改札口で講師をお迎えし、会場までお連れする担当でした。講師は、改札口で実際にお会いしてみると、私がそれまで想像していたよりずっとすてきな方で、「もっと多くの人に、この方の素晴らしさを知ってもらいたかった！」と、集客できなかったことを心から後悔しました。

「人が集められなかった、赤字になった」ということよりも何よりも、もっと多くの人にこの方の素晴らしさを届けられないことが悔しかったのです。イベント中も、その方の愛あふれるオーラに終始見惚れていた私。そして、「もっと多くの方に、この素晴らしいオーラに触れてもらいたい！」と、次回の開催を決めました。

その方を講師に迎えて次にイベントを開催したときの、私たち主催者側の気持ちは、「ただ集客したい」のではなく、「この方の素晴らしさを一人でも多くの方に知ってほしい！」というものでした。
するとと不思議です。前回、あんなに埋めるのが大変だった３００席が、あっという間に満席になり、さらに多くのキャンセル待ちまで出て、当日のイベントも大盛況のうちに終わりました。

この経験を通して私は、「自分の思い」が集客の結果に大いに関係してくることを知りました。「ただ売りたい」「買ってほしい」「集客したい」という思いは、どこかでお客さまに伝わってしまうのです。
「本当にすてきなものだから、多くの人に知ってもらいたい」「このサービスでたくさんの幸せを届けたい」という思いは、文章やことばに表れますし、たとえはっきりことばにしなかったとしても、やはり伝わるのです。

**人は「思い」に集まるのだと、心からそう思います。**

## リスト33 ちょっとやそっとじゃ諦めない

何かをやる前から、「これ、私、向いていないんです」と言われることがよくあります。そのたびに私は、「え!? まだやっていないのに?」と思うのです。

私は自分がブログで集客をしていたので、他の方にもそれをオススメすることが多いのですが、やる前から「私、向いていないんで」と言う方がいます。きっと文章を書くことがあまり好きではないからなのだとは思いますが、それもやってみなければわかりません。

それにブログ集客自体が、「やってみるからこそわかる」ものです。ブログで発信することを通して、「誰に思いを伝えたいのか」「自分は何者でありたいのか」「自分が伝えたい思いはなんなのか」ということが自分の中で整理されることも、やってみてはじめて理解できることなのです。

だから、もし起業をするのなら、ブログが得手、不得手ということは先に置いてでも、自分のこれからのサービスの方向性やブランディングのために、やってみるといいのではないかと思い、オススメしています。

ここで私がみなさんにお願いしたいのは、やってみる前から「これは自分に向いていない」と決めつけないことです。人からよいと言われたものは、素直に一度やってみることです。その上で合わないのであれば、やめればいいのです。

私ももちろん、自分で最初から「これは合わないからやめておこう」と判断することもあります。でもその場合は、それ以上の結果が出る「自分ができそうな違う何か」を考えるようにしています。

たとえば「ブログ集客がイヤ」なのであれば、それに代わる何かを自分で考えてから「これはやらない」と判断するようにするのです。自分なら他にどんな集客方法にチャレンジできるのか……チラシを配るのでもいいし、飛び込み営業をするのでもいい。異業種交流会に参加して人脈を広げることからはじめてもいいし、広告を打ってもいい。「これは自分には合わなさそうだからやめておく」と決めつけてしまう前に、それ以上の結果が出せそうな代替案を考える。私はいつもそんな風にしています。

また、はじめてから2週間ほどで「集客できません！」と言う方がいますが、結果を急ぎすぎです（笑）。もし、それで反応がないのならば、それは「なぜ反応がないのか？」と考えるチャンスなのです。「やりたくないことをやらない」というのも、それはそれでもちろんいいのですが、せっかくのチャンスをみすみす逃したり、「それをやっていたらもっとうまくいったのに！」という結果になったりすることを考えると、最初から諦めてしまうのは、本当にもったいない！

**やってみてから考えても、ちっとも遅くはないのです。**

何度も繰り返しやることも、とても大事です。集客に関していえば、一度告知文を書いただけでは、人にはなかなか気づいてもらえません。自分自身は「こんなに毎日、ブログで同じ告知をしてもいいのかな？」なんて思ってしまいますが、人はこちらが思うほど見ていないものなのです。

それどころか、一度告知をしたくらいでは、相当なファンの方でない限り、気づいてくれないものです。ディズニーランドなどの大手テーマパークだってそうです。いろいろなイベントをやっていますが、ホームページに書いたぐらいでは、かなりのディズニーファン以外は気づかないでしょう。

テレビCMや、新聞・雑誌広告、駅のポスターに何度も告知してはじめて、多くの人に知ってもらえるのです。もちろん私たち個人事業主とテーマパークでは、集客人数が違います。でも、認知度も同じくらいに違います。それならば、テーマパークのような心意気で集客することが効果的なのです。

リスト34

# まわりの人に自分のイメージを聞く

告知は「しつこい」くらいが、ちょうどいい♡

以前、私の講演会のボランティアスタッフをしてくれた方が、こんなことを言っていました。

「佳実さんのブログを読んで、私もゆるふわにならなきゃって思って！　成功するためには、ゆるふわになったほうがいいんですよね？」

でも彼女はとっても大人っぽくて、言うならば「クールビューティー」な方。一瞬で「ゆるふわ」を目指したらもったいないことがわかりました。

もちろん考え方や行動を、ゆるく女性らしくするのはいいと思います。でも、見た目までそうする必要はないんです。その方に「じゃあ、どういう人を参考にしたらいいのですか？」と聞かれたので、「吉瀬美智子さんは、どうですか？」とお伝えしたら、「それでいいんですね！　安心しました」と言ってもらえました。

そうなんです。仕事でもそうですし、もちろん恋愛でも、

**「自分を生かす」ことがものすごく大事なのです。**

みなさんは「ブランディング」ということばを聞いたことがありますか。この本でも、これまで3回ほど出てきましたが、ここで詳しく調べてみると、「顧客の視点から発想し、ブランドに対する共感や信頼など、顧客にとっての価値を高めていく企業と組織のマーケティング戦略の一つ。ブランドとして認知されていないものをブランドに育て上げる、またはブランド構成要素を強化し、活性・維持管理していくこと」とあります。

このブランディングは有名ブランドのイメージだけではなく、会社や商品、そして私たち個人にも効果的に使うことができます。私もブランディングを使った集客方法で、これまで楽しく仕事をすることができました。

自分自身が「こう思われたい！」と思うブランドイメージをしっかりと持ち、それを色やことば、写真、デザインで表現することで、見てくれた人が私に共感してくれたり、私の希望どおりに認識してくれたりするのです。

また、ブランディングを強くすることで、他者との差別化をはかれますし、すぐに忘れられてしまうことを回避できる可能性もあります。

でもこれも、「自分」というものがわかっていないと、「自分」を生かしきれないブランディングになってしまうことがあるのです。

それを避けるには、まず、自分はどんな人間なのかを自分自身できちんと把握していることが大切です。

みなさんは、自分のことをどんな人間だと思っていますか。

先ほどのボランティアスタッフさんの話の中にも、「ゆるふわ」と「クールビューティー」がありましたね。他にも、「カジュアル」「あねご肌」「妹タイプ」「天然キャラ」など、みなさんはまわりから見てどんな存在なのでしょうか。

それをまわりの人に聞いてみましょう。自分が思っている「自分の印象」と全然違うということもあるはずです。

実際に私も、以前は「クール」とか「大人っぽい」とか言われることが多く、読んでいる雑誌も『Domani（ドマーニ）』（小学館）でした。自分のブランディングも、「かつこよくてカジュアル」だったんです。

でも、ブログのカスタマイズのデザインをお願いしたり、人に私の印象を聞いたりしてみると、なんだか自分が思っているより「甘い」印象……。デザインもピンクやキラキラなものが仕上がってくることが多く、「あれ？　もしかして、私の印象ってかっこいいよりも可愛いほうが強いのかな?」と、少しずつ気づいていきました。

そこで、自分のブランディングを「可愛い」ほうに寄せて、最初は「外見はふんわり♡中身はしっかり♡」のフレーズで起業の仕方をうたうようにしていました。

その後、「可愛いままで起業できる」というコンセプトを確立し、いつしか着る服もパンツよりもスカートが多くなり、ほとんど着ることがなかったワンピースを着る機会も増えたのです。今ではパンツを履いていると多くの人から「珍しいね」と言われるほどです。

人の意見に耳を傾け、素直に従ってみたら、そこは自分にとっても、とても居心地のいい場所だった、というのが私のコンセプト「可愛いままで」のはじまりなのです。

それに気づかなかったら、コンセプトも「私のままで、かっこよく起業」とかにしていたかもしれません。それではちょっと、私の色が出にくいですよね。私に「可愛い」というコンセプトを教えてくださったまわりのみなさんに、とても感謝しています。

自分では自分のことはなかなかわからないもの。もちろん「自分の心地よい」を探すことは大事ですが、私も、実はまだ自分を生かしきれていないのかもしれません。

あなたもまずはまわりの人に、「私のイメージって、どんな風だと思う？」と聞いてみてください。「洋服のブランドでいうと、どんなブランドが似合うと思う？」「雑誌でいうと、どんな感じかな？」というように、ファッションのたとえで聞くと、わかりやすいかもしれません。

自分を生かすためには、まずはまわりに「自分のこと」を聞いてみましょう♡

## リスト35 自分のテーマカラーを決める

自分のイメージを確かめたら、ついでに「私って、色でいうと何色？」と聞いてみてください。
私のテーマカラーはピンクベージュです。昔からベージュが好きで、その色の服をよく着ていました。それからピンクベージュを着るようになり、持ち物もなぜかその色が多くなっていきました。
すると、「その色を見ると、佳実ちゃんを思い出す」と、たくさんの人から言われるようになりました。スタイリスト時代は、同行ショッピングでよく利用させてもらうショップの店員さんにまでそう言われていたので、本当にそのイメージが強かったのだと思います。

今では、私のブランディングにかかわるものはほとんど、ピンクベージュで統一しています。ティファニーやエルメスがそうであるように、カラーを見ただけで「あの人を思い出す！」と言われるようになったら、あなたのブランディングが確実に固まってきている証拠です。

まわりの人があなたに持っているイメージの色や、自分で思うイメージの色、自分の好きな色を考慮して、イメージカラーを考えてみましょう。そして、洋服や小物、名刺などの色を少しずつ統一していくのです。

毎日、その色の服を着ましょうと言っているのではありません。ここぞというときに、その色のワンピースなどを着ていくのです。そうすることで、あなたの印象が固まっていきます。

**テーマカラーは「私」を忘れさせない魔法なのです。**

リスト 36

## 自分のスタイルを写真にまとめる

今ではあまり読まなくなりましたが、私はファッション雑誌が大好きで、以前は毎月数冊購入して読みあさっていました。そのころよくしていたのは、自分の好きなスタイルを切り取って１枚の紙にまとめて貼ることです。イメージボードのようなものですね。

「自分のブランディング」のテーマに沿って、そのスタイルに合う写真を切り取り、1枚のボードや大きなスケッチブックに貼ってみましょう。そうすると、ことばで「可愛い」「かっこいい」「エレガント」と言うよりも、視覚化されることで「自分のブランディング」がとてもわかりやすくなります。

これは、友人と一緒にやるととても楽しいのでオススメです。

他の人のブランディングをまとめたブランディングブックを見ると、「これもいいな〜」と感じるものを選んでいたり、逆に「それは、私は選ばないな〜」というものばかりを貼っている人がいたりと、それぞれが違っていて、本当におもしろいのです。

そして、やっぱりみんな違っていていいんだなと思います。そう思うことで、自分がそのスタイルやブランディングにしたことに、誇りが持てるのだと思うのです。

ブランディングはおしゃれなのがいいのではありません。「自分らしさ」が出ていることが大事なのです。センスのいい人のブランドイメージを見ると「私のは、なんだかダサいかも……」と思うこともあるかもしれませんが、実はそれはあまり重要なことではありません。

恋愛でも、デートで流行の最先端をいくおしゃれすぎるファッションを身につけているると、男性にモテにくい、というのが私の持論です。個人差はありますが、男性は流行を追いかけているファッションよりも、女子アナ風ファッションと呼ばれるような、清楚で女性らしいものを好む方が多いと聞きますよね。

このことは、ビジネスにも言えます。もちろん、おしゃれなものも売れますが、好みというものがあります。

「おしゃれすぎると気がひける」という人もいるので、たとえばサロンに来てほしいターゲットの方が好んでくれそうなブランディングをすることも大事だと感じます。

**誰に、どんな自分で、なんのメッセージ（思い）を届けたいのか。**

それがしっかりと固まれば、自ずとブランディングイメージも決まります。

リスト
37

# おしゃれな友だちに会う

私は、365日「毎日、おしゃれする気満々!!」かといえば、もちろんそうではなく、「おしゃれを考えるの、面倒くさ〜い」と思ってしまうこともあります。そんな私が「よし、がんばっておしゃれしよう！」と思うのは、おしゃれな友人に会ったときです。彼女たちの洗練された姿を見ると、私もおしゃれをしたいという気持ちがムクムクと湧いてきます。

あなたのまわりにも「おしゃれな人」っていますよね。そういう人たちと定期的に会うと、適度な刺激を受けることができて「おしゃれへの意識」を保てるのです。最近なんだか、自分磨きをする気がしないなと思ったら、ぜひ「おしゃれな人」に会いに行きましょう。

私はＯＬ時代、名古屋の中心地にオフィスがある会社で働いていたのですが、女性社員はみな、流行のファッションに身を包み、きちんとお化粧をして髪を巻き、本当に綺麗な格好で働いていました。

新入社員もそんなオフィスに入れば、日に日に洗練されていきます。「この子はファッションにはあまり興味ないんだなぁ」と思うような女性も、例外なくおしゃれになっていくのです。おしゃれな人たちの中に身を置くと、やはりそうなるのだということを目の当たりにしました。

「この人、おしゃれだな」「このファッション、すてきだな」と思うものを、目にすることもとても大切です。「おしゃれな友だちに定期的に会う」ことが難しい方は、雑誌やSNSを上手に活用してみてください。私も、おしゃれな人のインスタグラムを見たり、定期的にモデルさんのスタイルブックやファッション雑誌をチェックしたりして、自分の「おしゃれ心」を刺激しています。

**おしゃれをしているときって、気分が上がりませんか？** 私は新しい服を着ているときや、「今日のファッション、キマってる♡」と自分で思うときは、なぜかやる気が出て仕事がはかどるのです。

だからこそ、自分の「おしゃれ心」を定期的に刺激して、仕事のモチベーションを上げたいのです。私は家で仕事をすることが多いので、気持ちがだらけないように、お気に入りのルームウェアを揃えています。**ファッションは、自分の働く気持ちを上げてくれるツールでもあるのです**。

だから、おしゃれな人を上手に味方につけるのが、可愛く賢く働くコツです♡

リスト38

## どんな顔になりたいかを考える

女性にとっては、メイクも大事なツールですよね。ブランディングにおいても、モチベーションの面でも、「いつも可愛くいたい♡」というのが女性の本音です。

私がメイクをするときに心がけているのは、「ゴールの顔を決める」ことです。メイクは、ただやみくもに眉を描いて、チークを塗って……とやっても、あまりいい感じには仕上がりません。

オススメなのは、「この顔になりたいな」と思う人のメイクを真似する方法。そうすると、自ずと「ゴール」がその顔に決まります。たとえばメイクがとても得意な有名人のざわちんさん。彼女のメイクの技はすごいですよね。彼女のメイクも、「この顔になる」という明確なゴールが決まっているため、その顔に近づけるのです。

ゴールの顔が、自分の顔の系統とあまりにかけ離れていると、似合わないメイクになってしまうこともあります。そうならないためにも、練習しながら「こういう感じのメイクは似合うんだな」「私はこっちの系統よりの顔なんだな」ということを、覚えていくといいでしょう。

そうやっていくつかの「ゴール」を設定して試していくと、「眉はこの形が似合うんだな」「アイラインのひき方はこのほうが合っているな」というのがわかってきます。それを組み合わせていくと、自分だけの「ゴール」ができあがるのです。

これはメイクだけではなく、いろいろな場面で使える方法だと思います。まずは理想の「ゴール」を見つけて、真似してみる。そうすると自分の中で「これは私に合っているな」「これは私には合わないな」ということがわかります。

それを繰り返していくうちに「自分に合っていること」のリストがたくさんできて、それが自分だけの「ゴール＝自分スタイル」になっていくのです。

まずは「この顔に憧れる」という人のメイクを真似してみてください。そこから自分だけのスタイルが少しずつつくられていくはずです。

リスト 39

## シチュエーションで自分を演出する

私は、今日はどんな私で働こうかな、どんな私で友だちと食事をしようかなと、いつも考えています。そんなイメージをしながら、今日のファッションやメイクを考えるのも、とっても楽しい朝の時間です。

先日、こんなことがありました。いつもお世話になっている東京の会社の方から、「佳実さんが東京に来られるときに、仕事のお疲れさま会のお食事をしましょう！佳実さんにあう銀座のお店を予約しておきます！」とメールが来ました。東京に憧れている名古屋人の私は、「銀座!? なんだか、超おしゃれ!!」と、大興奮。すぐさまその方に「ありがとうございます！ 銀座だなんて、ちょっと緊張しちゃいますが、とっても楽しみです！ 浮かないように、シティーガール風で行きます！」とメールで返信しました。

それを見たその方が「佳実さんは、どんなシチュエーションでも最大限に楽しめるんですね」と言ってくれました。そう言われてみると、私はその場その場で、どんな「私」でそこに存在すればいいのかを考えることが多い気がします。

人前で話すときは、いつもより華やかなファッションで、遠くの方にも顔が見えやすいように、濃いめのメイクで出かけるようにしています。デートのときは、それ以外ではあまりしない彼が好きなパンツスタイルをするようにしています。

女性社長のお仲間と食事に行くときには、みなさんがとっても鮮やかな色の洋服を着ていることが多いので、私も色もののワンピースを着ていくことが多くなります。

このように、ただなんとなく「いつもの私」なのではなく、自分はどんな場所でどんな「私」で存在していたいのかを考えながら、**今日この場所の「とっておきの私」を演出できれば楽しいですよね♡**

さてあなたは、明日はどんな「私」で過ごしますか？

## リスト40 プロに自分の写真を撮ってもらう

4年ほど前でしょうか、私は自分のブログの記事に差し込む写真として、プロのカメラマンにイメージフォトを撮ってもらいました。

当時は、ブログに自撮りやイベントの集合写真を載せている人はたくさん見かけましたが、イメージフォトを載せている人を見たことがありませんでした。そこで、自分の発信したいスタイルが、文字と絵でイメージできるようなブログにしたいと、挑戦してみることにしました。

私のコンセプトは「好きなことを好きなときに好きな場所で好きなだけ♡」なので、花柄のワンピースを着て、パソコンを持って地面に座っていたり、雑貨屋さんの階段に腰掛けてパソコンを見ていたりといった、私が提供したいワークスタイルをイメージしやすい写真をたくさん撮ってもらったのです。

そのイメージフォトを載せてから、自分自身の伝えたいことがより明確になり、ブログを書くのが楽しくなりました。また、その写真の仕上がりがとてもよく、いつもの私より何割増しかでよく撮ってもらえたので、テンションも上がります。

みなさんもぜひ一度、スタジオでプロのカメラマンに写真を撮ってもらってみてください。今は一般の人でも、モデルやタレントさんのように写真を撮ってもらっていい時代なのです。

その写真を見ると、モチベーションがとても上がると思いますし、どんな写真を撮りたいのか、撮影時にどんな服を着るのかといったことを考えることで、ブランディングイメージも固まっていきます。そしてそれを見た人たちにとっても、あなたに持つ印象が大きく変わってくるのです。

ぜひ一度、プロのカメラマンにとっておきの一枚を撮影してもらってみてください。きっとあなたの新たな魅力が発見できると思いますよ♡

# 第4章

# まわりの人も幸せに♡
# 心地よく働くためのリスト

男性と肩を並べるんじゃなくて、
女性らしく、私らしく、可愛いままで働いて、
まわりの人に愛されながら豊かになる。

そう、幸せも豊かさも、理想の働き方も、
全部手に入れたいの。
しかも、心地よく楽しくね。

そのためにはどうしたらいい？
私が、取り入れてきたエッセンスを
余すことなくシェアします。

# リスト41 人の評価を無視する

人の評価って気になりますよね。それがもとで、新しいことをはじめられないという声もよく聞きます。

たとえば「ご自分がしたい活動を、フェイスブックなどで発信されてみたらいかがでしょうか？」とお伝えしても、「まわりの人にどう思われるか……」「友だちに何か言われそうで……」と、人がどう思うかということにとらわれすぎている方が多いような気がします。

人は、他人のことにそんなに興味がありません。だから、人の評価に気を揉んでいる時間がもったいないのです。他人があなたのことを気にしているのだとしたら、それは目をかけている証拠です。「あの子は何かすごいことをやりそうだから気になる」と思われているのです。

私は、人の評価に一喜一憂しないように心がけています。批判めいたコメントやレビューを見たときは少しは落ち込みますが、応援してくださる方のメッセージをそのあとに読んで、元気を取り戻します。

目立つということは、人から評価されやすくなることでもあります。それはよい評価も、そうでない評価もです。

でも、みんな、評価されたい。承認欲求を満たしたいのです。そして、評価されるならよいものがいい。悪い評価をされるのは怖いから、一歩が踏み出せない。だから承認欲求が満たせない。そして、モンモンとする。そしてモンモンスパイラルにはまってしまうのです。

よい評価と悪い評価はセットです。自分と同じ意見の人ばかりではないので、しょうがないのです。よい評価だけにしようとすると、みーんなが知っている当たり障りのないことだけを言うことになるので、その他、大勢の中に埋もれてしまい承認欲求が満たされにくくなります。

だからこそ、

**人の評価で一喜一憂するのをやめてみる。**

難しくても、一度、心に誓ってみる。そうすると、他人の目よりも「自分の目」のほうが大事だと気づきます。自分のことを客観的に見る。実はその目こそが、一番信用できるのです。

## リスト42 真似をされても腹を立てない

「サービスやブランディングを誰かに真似されました」という悩み相談を受けることは少なくありません。私もそんな風に悩んでいたこともあります。

でも、真似されるということは、あなたのサービスや発信したことが「いいもの」だからです。誰も「悪いもの」を真似しようとは思いません。考え方やセンス、ことば、そしてイメージが「すてき!」と思ったからこそ、「私も取り入れてみたい」と思うのです。

パリコレに出るようなメゾンブランドがコレクションを開くと、そのあとすぐに、多くのブランドがコレクションに出ていた洋服と似たものをつくるそうです。それでもメゾンブランドは、「真似された!」といちいち腹を立てたりしません。

みんなが真似をするから、それが流行となるのです。たくさん真似されればされるほど、あなたのすてきなアイデアやセンスは広がるのです。

**そう、真似されることとは、誰かにそのアイデアを「とられる」ことではなく、世の中に広がっていくことなのです。**

そう考えたら、「真似してくれて、ありがとう!」と感謝したくなりませんか。

「私」が認められる過程で、真似されることは必須です。

だからこそ、大きな心でそれを受け止められる、器の大きい「私」でいたいと、いつも思っています。

## リスト43 できないことや負けを認める強さを持つ

私たちはこれまで、「できないことを、できるようにする」教育を受けてきました。満遍なく、いろいろなことができる人が高い評価を得る社会だからです。でも本当は「できないことは、できないでいい」のです。

私は走るのが、恐ろしく遅いです。そのことが学生のころはイヤでイヤでたまりませんでした。でも今、そんなことで悩むことは一切ありません。あのころの悩みが嘘のようです。

大切なのは、自分にできないことがあったら、まず素直にそれを認めることです。できないことは思いきって「できない」と言って手放して、勇気を出してそれを補ってくれる他の誰かに任せてみませんか。

優秀な人ほど、自分の実力を正しく認識し、自分よりできる人のことをきちんと認めます。他者を認めることは、人間関係をよくします。

**「できないことをできるようにする」のではなく、「できることをもっとできるようにする」ということが大事だと私は考えます。**

そうすることで、みんなが得意なことをのばしていけばいいし、好きなことをとことんやっていいことになるのです。

前著でも紹介した私の親友である奥井真実子さん。彼女はたくさんの司会者が所属する司会事務所の社長です。そして自分自身、プレーヤーでもあります。ブライダルを、司会という仕事を、心から愛していて、実に楽しそうに仕事をしています。

そんな彼女はいつも笑って「みんなのほうが、司会がうまいし、本当にすごい〜」とスタッフのことを褒めています。彼女自身が圧倒的に人気のある司会者であるにもかかわらずです。代表もプレーヤーである場合、「自分が一番でありたい」と思うのが人のサガというものですが、心の強い人は清々しく「みんなはすごい！」と言えるのだなと思いました。

**強くあることは、勝ち続けるということではありません**。

**負けを認め、相手を褒められること**ではないかと思います。自分より下の立場の人、部下や後輩のことをそう思えるなんて、本当に強くて優しい人なのだと感じます。そういう人こそが、真のリーダーになれるのではないでしょうか。

私もまだまだ発展途上ですが、素晴らしい先輩たちの背中を見ながら、そんなリーダーでいたいと思うばかりです。

これも奥井さんの話なのですが、彼女はスタッフが現場で失敗しても責めません。私も経験があるのですが、結婚式の現場の裏側にはピンと張り詰めたような緊張感が漂っています。私たち司会者が新郎新婦の名前を間違えたり、進行を飛ばしてしまったりしたら、もう一大事です。たちまち大きなクレームが入ります。

そんなとき奥井さんは、責任者として当事者である司会者と一緒に、お客さまや会場に頭を下げに行きます。でも、当の本人である司会者を責めたりしません。「失敗してしまいました……」と本人から報告の電話がかかってきたときも、「やっちゃったね～」と明るく答えるのです。

「そんな風に言えるなんて、すごいですね」と彼女に言うと、奥井さんは「だって、わざと間違えようとする人なんていないでしょ？　誰も失敗したくないじゃん。でも誰だって、失敗するときはするよね」と答えたのです。それを聞いたとき、「本当にすごい人だな」と思いました。

そうなのです。**誰も、間違えたくて間違えるわけではないのだから、責めたってしょうがないのです。**一緒に先方に頭を下げ、改善策を考える。そして間違えた本人には、「大丈夫だよ」と言って励ます。

私もスタッフが落ち込んでいるとき、励まし、一緒に考え、解決策を導き出せるリーダーでいたいといつも思っています。

リスト44

# ミスの指摘はお礼を言ってから

会社で多くの人と働いていると、誰かがしたミスを注意しなければならない場面ってありますよね。

そんなときは、いきなりミスの箇所を指摘するのではなく、まずはその人のしてくれたこと全体に対するお礼を言ってから、本題に入ってみてください。

たとえば、提出された書類にミスがあったとします。そんな時は「さっきは書類をありがとう。もらった書類なんだけど、○○のところが少し違っていたので、もう一度直してもらえるかな？」と言ってみるのです。「さっきの書類、○○が間違ってたよ」と、いきなり指摘されるより、相手も自分も気持ちがいいと思います。

私も、以前は会社で働いていましたし、今はスタッフとチームを組んで仕事をしています。そういった中で、みんなが気持ちよく働ける職場環境をつくることが、自分も楽しく働けるコツだと考えています。

みなさんもぜひ、まわりの人に声をかけるときは、一旦、自分だったらどう言われたら気持ちがいいのかを考えてから、ことばを発してみてください。

**一瞬考える余裕を持つだけで、放つことばが違ってきますよ。**

## リスト45 人の機嫌に左右されない技を知る

会社や学校、家庭でも機嫌が悪い人にイヤな思いをさせられることって、ありますよね。私もＯＬ時代、朝、いつも機嫌が悪い上司がいて、本当に苦労したことがあります。

その上司が機嫌が悪いときは、部下みんなが腫れ物に触るような対応です。上司が席を立つと、みんながひそひそ声で「今日も機嫌悪いね～。○○の件、聞きたいのに怖いから聞けない」と言い合う始末で、仕事もままなりません。

あるとき、私は思いつきました。**その人の機嫌に一切左右されないようにしよう**と。それからは、その上司の機嫌がどんなに悪くても「今日のお昼、何を食べに行きましょうか？」と、いつもと同じように話しかけることにしたのです。

そうすると……その上司は、私に機嫌が悪い態度をとらなくなったのです。きっと「こいつには機嫌を悪くしても意味がない」と思ったのでしょう。

機嫌が悪い態度をとる人というのは、それを見たまわりの人が自分の反応によって怖がったり、安心したりするのがうれしいのだと思います。それは、自分が他の人の気持ちをコントロールした気になれるからです。

だから、私のようにコントロールできない人に対しては、機嫌を悪くしてもつまらないと思い、無駄なエネルギーを使うのをやめたのでしょう。

ぜひみなさんも、この方法を試してみてください。私の場合は効果抜群でした。

機嫌の悪い人に左右されないということの前に、自分が「いつもご機嫌でいる」ことも、とても大事です。いつも機嫌のいい人とは、こちらも「会いたいな」「この人と一緒に仕事がしたいな」と思いますよね。

前にこんなことがありました。誰でも名前の聞いたことのある大手の会社から私に講師依頼のメールが入りました。電話で詳細を話したいということだったので、かけてみると、対応してくれた女性の声のトーンが低く、話し方もぶっきらぼうで、こちらとしては「あなた、機嫌が悪いの?」と思うくらいだったのです。

相手は大手の会社ですし、私としては講師に入れたらいいなと思っていたのですが、その担当者の印象の悪さに、結局、お断りしました。電話に出た女性は、そのような対応をしていても、大企業の看板に守られているので仕事に困ることはないのでしょう。でも、個人事業主の場合は「あなたに会いたい! あなたと働きたい!」と思ってもらえないと、仕事はできないのです。

もちろん会社員でも、「あなたと働きたい」とまわりの人から思われたほうが、絶対に楽しく仕事ができるはずです。

**「ご機嫌でいる」ことは、自分の心もまわりの空気もよくします。**

ＯＬ時代に会社の常務が言っていたことを思い出すことがあります。

「女は愛嬌が大事」

これは他でもよく聞くことばですが、聞くたびに本当にそうだなと思うのです。「愛嬌を振りまくなんて、なんか、媚びている感じがしてイヤ！」と言う方もいるかもしれませんが、私の見解としては、媚びるのではなく「感じよくする」というイメージでしょうか。

感じのいい人は、会社でまわりの人から愛されることはもちろん、恋愛関係においてもモテるので、実はとっても得をしているのです。逆に感じ悪くすることは、自分にとっても、ものすごく損なのです。

女性はまわりの人から愛されて、大事にされたほうが仕事も恋愛もうまくいきます。

これには外見はあまり関係ありません。やっぱり「愛嬌」のある人は、笑顔がすてきですし、だからこそ、とても可愛く見えて、みんなから愛されます。

**ぜひ、明日からいろんな人に「感じよく」してみてください。**

私はタクシーに乗車した際、夜ならば降りるときに運転手さんに「ありがとうございました。おやすみなさい」と言うようにしています。

外食をしたときには、当たり前のことですが、会計のあとにお店の人に「ごちそうさまでした。美味しかったです」と言います。

私はそういうこと一つひとつが、日ごろの生活でも生かされると思っています。自分にとって有益な人だけに愛想をよくしていても、きっと見透かされるのです。

誰に対しても、どんなときでも「感じのいい人」でいることが、まわりの人から愛されるコツだと思います。

## リスト46
# 働き惜しみをしない

私は司会者をしていたころ、所属していた事務所で司会者の采配の仕事を任されていたことがありました。司会業の事務所なので、大企業というわけではなく、オーナー社長がいて、指示をくれる人も社長、というサイズの組織でした。

私は起業するまで、3年くらいそこに勤務していましたが、新しく入ってくる社員にこんなことを言っていました。

「これは私の持論だけど、うちはお給料を払ってくれる社長がとても近くで働く職場でしょ？　だから、自分たちが考える『もらっているお給料分くらいの働き方』をしていたら、たぶん社長は『お給料を多くあげすぎているな』と感じると思うの。おそらく『もらっているお給料の1・5倍』くらい働いてちょうどいいくらい。社長に『よくやってくれているな』と思われたいのなら、お給料分の2倍は働くというのが賢明だと思うんだ」

これは20代なかばの頃の私が、ただそう感じ取って話していたことですが、「とても印象に残った」と言ってくれた人がいたので、この本でもシェアしてみました。

私は会社員のときも、いつも「この仕事から、自分は何を得られるだろう……」と、考えていました。

**メリットとは、与えられるものではなく、自分でつくるものだと思います。**

「この仕事をやって、私は、得をするのかな？」と思っているのなら、メリットがあるように、自分の考え方や展開を変えていけばいいのです。

働き惜しみをして、その時間をなんとなくやり過ごすなんて、あなたの大事な時間なのですから、もったいないを通り越して、人生の無駄遣いです。

**自分がいただく金額以上の仕事をして、その金額以上のメリットをもらう。**

そのメリットとは、お金だけでなく、経験や考え方など自分を成長させてくれるものも含めたものです。だって、仕事は自分をたくさん成長させてくれるものだから。

会社は、社員に投資してくれて、リスクを課さずにチャンスをくれる、ものすごくありがたい存在でもあるのです。

それがわかると、もっともっと働くことが楽しくなるし、今の環境に感謝することができます。

## リスト47
# 目が合ったときは笑顔で返す

今のパートナーとつきあいはじめたころ、こんなことを褒められました。

「佳実は目が合うと、いつも笑ってくれるからうれしくなる。それって、意識的にしてるの？」と。完全に無意識でしたがそう言われてみると、私は誰かと目が合うと笑顔で返します。さすがに道を歩いている人に、すれ違いざまに笑顔を振りまくなんてことはしませんが、たとえば大勢の人が集まるパーティー会場で、少し遠くにいる人と目が合ったときには、軽い笑顔で対応します。間違っても真顔で目をそらしたりはしません。

私もセミナーなどを開いたときに、参加者の方が笑顔で聞いてくれていると、話すのがとても楽しくなります。笑顔は相手を安心させるのです。

こんなことがありました。20代前半のころだったと思うのですが、ある会社の面接に行ったときのことです。そのときの面接官が面接中、わざとだったのかもしれませんが、1回も笑わなかったのです。お給料もよく、とても魅力的な会社でしたが、私は採用通知をもらってもお断りしました。

どうしても笑わない面接官を思い出してとても不安になり、「あの人の下では働きたくない」と思ったのです。会社の条件よりも、お給料よりも、一人の笑顔が人生を変えるということがあるのだと、あのときしみじみ感じたことを覚えています。

**だからこそ、人と目が合ったときには、軽い笑顔で返してみてください。**

印象が驚くほどよくなります。

ただし、あまり長い間、笑顔でじっと見つめていると勘違いされます。目が合うときというのは、顔自体は動いていることが多いので、相手に笑顔を向けたあと、すぐに目をゆっくりとそらすと不自然になりません。

## リスト48 もっともっと「うれしがる」

私はすぐに喜びます。単純と言えば単純なのですが、小さなことでも「うれしい！」と、すぐに言いたくなるのです。

いつもそんなことを言っていたら、お世話になっている取引先の方が、「佳実さんが『うれしい！』って言ってくれると、私、佳実さんを喜ばせているんだって、こっちまでうれしくなるんですよ」と言ってくださいました。そのとき、「うれしい！」って喜ぶことには、こんな効果もあるんだと、私にとっても大発見でした。

## 自分が喜ぶことで、相手も喜んでくれる♡

こんなにうれしい連鎖はありませんよね。

以前、こんな話を聞いたことがあります。結婚紹介所の仲人の仕事をしている女性が、会員の男性からいつものお礼にと、プレゼントをもらったそうです。彼女はそれがとてもうれしかったらしく、「うれしい！　開けてみていい？」と中身を開けて喜んだそうです。

すると、「やっぱり、そうやって喜んでくれる女性がいいな」と男性がポロッと口にしたそうです。

どうやら彼は、仲人さんに会う前に、紹介所から紹介された女性とはじめて会い、同じプレゼントを彼女にも渡したそうなのです。

でも、その彼女はボソッと「ありがとうございます」とだけ言って、笑顔もなく、プレゼントをそのままカバンにしまってしまった……と。

これは極端な例だとは思いますが、やっぱり喜んでもらっているのが見えると単純にうれしいし、喜んでもらえないと悲しくなってしまうのも、わかりますよね。

**どうせなら、もっともっとうれしがりましょう♡**

そして、もっともっとまわりの人を喜ばせて幸せにしちゃいましょう♡
あなたが喜ぶと、まわりの人が幸せになるのです。

そして、私はうれしいことがあると、人と共有するようにしています。

仕事仲間やパートナーに、うれしいことはすぐにメールで報告するのです。そうしていると、うちのスタッフも、うれしいことがあるとすぐにメールをしてきてくれるようになりました。

「お客さまから、こんなことを言っていただきました」

「今月は、こんなに遠方から、お客さまがたくさん来てくださっています」

「今日、占いでいいことを言われました」

といったように、とりとめのない日常の「うれしい」ことまで、いろんな報告をしてくれます。うれしい報告は、受け取ったこちらまで幸せな気持ちにしてくれます。

日本人は謙遜することを美徳としているところがあるので、自分の素直な「うれしい」気持ちを言うことが自慢のように聞こえてしまうと思うのか、人に言うことを遠慮してしまいがちですよね。でも、信頼し合っている仲間や家族、友人同士なら、あなたの「うれしい」を心から喜んでくれると思います。

**「うれしい」を独り占めしておくなんて、もったいない！**

ぜひ、大切な人と分け合ってください。そして、自分の「うれしい」を心から喜んでくれる仲間やパートナーに囲まれる生活を選んでください。

言うまでもなく、自分もまわりの人の「うれしい」を心から喜べるようになることが大切です。そして、人の幸せや豊かさを本気で喜べたら、次は自分の番です。

なぜなら、**自分が満たされている人は、人の「うれしい」を心から喜んであげられるから。その満たされている人の感情を先取りしておくことが、自分の本当の幸せや豊かさにつながっていきます。**

人の「うれしい」を心から喜び、自分の「うれしい」を心から喜んでもらえる。そんな人間関係の中に身を置くことって、とってもすてきなことだと思いませんか？

まずは先取りからです♡

## リスト49 どちらも正解と言える強さを持つ

数年前は私にも、いろいろなことに気持ちが揺れている時期がありました。

自分の言っていることって正しいのかな。それとも他の人が言っていることのほうが正しいのかな。本当はどっちが正解なんだろう。

そうやってモヤモヤしていた時期があったのです。

私は自分の経験から「好きなことで起業」「生き方に合わせた働き方」をうたっていたのですが、「好きなことで起業なんて、無理」「売れるものを売るのが正解！」ということばを目にするたびに、「やっぱり自分は甘いのかな……」「私の言っていることは、間違っているのかな」と、何度も心がぶれそうになっていました。

でも今なら、どっちが正解というのではなく、どちらも正解で、ただ「私には、このスタイルが合っていただけ」ということがわかります。

そもそも私は、「どっちが正しいのか」という論争は、あまり意味がないのではないかと思っています。それぞれの人が、自分にとっての正解がわかっていればいいと思うのです。

自分の正解をきちんと見極めて、人生を楽しんでいれば、他の人にとっての正解も「それもいいよね、すてきだね」と言えるはずです。

時には自分の正解を、他人に否定されることがあるかもしれません。でも、そのことで不安になったり、自分の正解を正当化するために張り合ったりする必要はないのです。

人を批判したくなるのは、自分の選んだものに自信がないから。だからこそ、自分の選んだものに責任を持ちたいし、「私が選んだ正解」に誇りを持っていたい。そうすることで、自分と意見が違う人と会っても、批判せずに「それもすてきな意見だな」と認められるはずです。

**どっちもいいし、どっちでもいい。**

この世の中には「こっちのほうが絶対に正解」ということは、きっと何一つないと思います。ただ淡々と、自分の心地よい「私の正解」の道を歩いていけば、それでいいのではないでしょうか。

あなたらしく、自分のペースで歩いていきましょう♡

リスト50

# 成功の裏ワザだけに頼らない

人はよく、「失敗せずに、すぐに成功する方法を聞きたい」と思ったりしますよね。その気持ち、私もよくわかります。

でもそれは、「スーパーマリオシリーズのゲーム開始5分で、なんの苦労もせずにピーチ姫を見せてください」と言っているようなもの、という気がするのです。

確かに、攻略本や裏ワザなどを使えば、「より速く次の場面に行く」ことはできると思います。でも、何かのボタンを押すだけで、「ピーチ姫が出てきて、全面クリア！」などというゲームは、そこまで行き着く楽しみもなんにもないので、誰も買わないですよね。

それと同じで、私たちの人生でも、攻略本や、ちょっとした裏ワザを聞きつつも、自分でいろんなことを一つひとつクリアしていって、最後の局面に立ちはだかる「ラスボス＝壁」をちゃんと倒してから「ピーチ姫＝ゴール」が見られたら、とっても感動すると思うのです。きっと、必殺の裏ワザのボタンを押して軽々と全面クリアするより、そのほうが楽しいはず。

もちろん、効率よくゲームを進めるためには、よい攻略本や裏ワザが必要だと思うので、人生の面でも自分にプラスになる話を聞くことは大切だと思います。だから、

**すべては自分でプレーするしかない。**
**そうじゃなきゃ、きっとおもしろくない。**

自分の人生は人任せにしないことです。

## リスト51
# ちょっとした気遣いで印象をアップする

私のようにフリーランスで仕事をしていると、「あの方をご紹介しましょうか？一度、会ってみるといいと思いますよ」と言ってもらえる機会がとても多くなります。

人を紹介してもらえるのは、とてもありがたい話ですよね。

でも、その紹介をすべて受けて、そのたびに会っていたのでは仕事の時間がなくなってしまいますから、「この人に会いたい！」と心がワクワクしたら、「ぜひ、ご紹介ください」と言うようにしています。

そして紹介していただいたあとは、紹介してくださった人、すなわち紹介者に随時、進捗状況を伝えるようにしています。

「先日、ご紹介いただいた○○さんからご連絡をいただきまして、来週お会いすることになりました！　すてきなご縁をつないでいただき、本当にありがとうございます」と、紹介していただいたすぐあと、お相手にお会いしたあと、そしてその方との仕事が決まったときなどに連絡をするようにしています。

私も紹介者の立場になることがあるのでわかるのですが、紹介してくださった方に、「あの人たち、あのあと、どうなったのかな？」と心配をかけないように心がけています。

みなさんも、「仕事とお金は、人が運んでくる」ということばを聞いたことがありますよね。私もまわりの人たちの紹介で、大きな仕事を受けさせてもらったことが何度もありました。

「あの仕事に、佳実ちゃんをぜひ紹介したいの！」と言ってもらえると、その方に信頼していただいているようで、とてもうれしいのです。

だからこそ、もっと信頼していただける人間関係を築いていきたいし、仕事にも真摯に取り組んでいきたいと思うのです。

それに、こういうことをおろそかにすると、「もうこの人には仕事を紹介したくないな」と思われてしまいかねません。私自身も「紹介者」になるときは、「この人なら紹介したい」と、自分が信頼している同志を紹介するようにしています。

みなさんもきっとそうですよね。仕事だけでなく、「男性を紹介して」と女友だちに言われるときも、自分自身が「この人なら安心して紹介できる」と思える人しか紹介できません。どんなことでも同じです。

**仕事を紹介してもらえるということは、「信頼」してもらえているということ。**

だとしたら、その信頼にきちんと応えたいと思うのです。

## リスト52 「私はあの人より幸せ」とは考えない

人は、自分より不幸な人を見て安心する習性があるように感じます。私も以前は、あの人よりはお給料がいいはずとか、あの人の彼より私の彼のほうが優しいから……なんて、誰かと比べて自分の幸せを実感したつもりになっていました。

今でもよく「あの人よりはましだから」なんていうことばを耳にすることがありますが、なんだか悲しくなります。

そんな安心は本当の安心ではありません。それは、自分より幸せそうな人を見たら、たちまちまた不安に逆戻りしてしまうからです。

**今すぐ、人と比べることをやめてみませんか。**

幸せの基準を「他人軸」から「自分軸」へと変えるのです。

結婚をしていること、仕事があること、友だちがいること、子どもがいること……。これらは個人にとっては幸せの一つになり得る要素ではありますが、これがないからといって不幸であることにはならないのです。

子どもがいなくても不幸ではないし、仕事がないから不幸せということも、もちろんありません。

子どもがいるからこそ大変だと感じている人もいるでしょうし、仕事があっても心が満たされていない人はごまんといます。

だからこそ、自分の幸せの基準で、自らを満たしてあげることが大事なのです。

リスト53

# がんばったときでも自慢はしない

私はこれまで、私から見ると突き抜けて成功されている方にお会いする機会をたくさんいただいてきました。そういう方たちにお目にかかって感じることは、「私はこんなにがんばったんだよ」と自慢する人は誰一人いなかったということです。みなさんが「ただ楽しいことをしていたら、いつの間にかこうなっていました」と言われるのです。

以前、それを聞いていたときは、「本当に〜!?　楽しいことをしていたら、そんな風になるの?」と思っていたものですが、現在は「今まで、どうがんばってきたのですか?」と聞かれると、「楽しいことを、ただ続けてきただけです」と答えている自分がいるのです。

そうです。突き抜けている人には、「がんばっている」という概念があまりないのです。それは、

**普通の人が言う「がんばる」なんて、当たり前のことだから。**

たとえば野球選手は、シーズンオフでハワイにいるときでも、毎朝ランニングしたりジムでトレーニングしたりすることを欠かさないですよね。それは傍から見れば、「すごいね、がんばってる！」と思いますが、彼らにすれば当たり前のことなのです。それをただ続けてきた。「がんばっている」というより、「当たり前」に続けてきただけ。その結果、今のステージにいる、ということなのだと思います。

だから、「私、がんばってる！　がんばっていないと、結果は出ないんだよ！」と言っているうちは、突き抜けることは難しいのではないかと思います。だって、実際に突き抜けている人で「私はがんばっている！」と自慢している人に、私は会ったことがないのですから。

**当たり前のことを、淡々と楽しんでやる。**

それが突き抜ける方法だと、私は思うのです。

リスト 54

# ちょっとだけ自己中になってみる

この本が発売されるころ、私は友人たちとハワイに行く予定です。友人たちと一緒といっても、本当に縛りのない自由な旅です。それぞれが東京、大阪、私は名古屋から旅立ち、ハワイで落ち合い、たまにお茶をしたりご飯を食べたり、プールに行ったりする旅行で、今決まっているのは日程だけです。

あとは飛行機もホテルも、みんなそれぞれ。好きな便と好きな部屋を予約してあるのです。最初はスタッフと二人だけで行こうとしていたのですが、まわりの仲のいい友人たちに「4月○日から△泊でハワイに行くけど、よかったら向こうで落ち合わない?」と声をかけたら、みんなが集まってくることになったのです。

昔は私も、友人との旅行は、飛行機もホテルも全部足並み揃えて行く旅という気がしていて、実はあまり得意ではなかったのです。1泊2日くらいであればいいのですが、３泊以上となると、誰かとずっと一緒に行動するのは、自由人の私には向いていないと思っていました。

でも、今ではこんなに自由で気ままな旅行ができています。一人では寂しいけれど、誰かとずっと一緒というのも大変……という私のわがままな要望が、全部叶っているのです。

**「苦手だな」と思うことも、自分なりのカスタマイズで、ものすごく居心地がよくなるものだなと思います。**

大人になるということは、選択肢が広がるということ。旅行の仕方も、仕事の仕方も自分で全部選べる。多くの選択肢から自分にぴったりなものをチョイスする。少し違うかなと思ったら、自分好みにカスタマイズすればいい。少しくらい自己中になったとしても、みんなの納得が得られれば、ハッピーな形がとれると思います。

でもこれは、ただのわがままな自己中ではなく、「自分の意見がきちんと言える」自己中です。

もちろん仕事の場合は、チームで働く上では協調性はとても大切ですが、まわりの人のことをきちんと考えながら、自分の思っていることを言える環境こそが、真に働きやすい環境だと思っています。

あなたも、「私は、こういうことを望んでいます」「私はここに行きたいです」と、自分の希望をぜひ言うようにしてみてください。

みんなが遠慮ばかりしていると、仕事って実はなかなか進まないものです。たとえば数人で食事に行くときに、全員が「どこでもいい」と言い出したら、全然決まらないですよね。それと同じです。みんなが行きたい場所を言って、意見が違えば、その中で譲り合って決めればいいのです。

また、人間関係の中では、「NO」と言える勇気を持つことも大事です。

たとえばあなたは、誰かに頼まれごとをされて、「うーん、これをやるのはイヤだな」と思っても、相手から嫌われたり、よく思われなかったりするのが怖くて、「はい」と言ってしまうことはありませんか。

でも、そうしたことを繰り返していると、「不満」がたまり、自分の人生が「不満」でできあがってしまう恐れがあります。

私は、心の中で「これを頼まれたら、イヤだな」「こうやって言われるのは、本当は嫌い」ということがあれば、それを伝えてみてもいいと思うのです。

ただ「イヤです」と言うのは、気がひけると思いますので、「今は自分の仕事で手一杯なので、できません」とか「そういう言い方をされると、傷つきます」といったように、理由をきちんとつければ、相手もわかってくれます。

我慢をして、自分の人生を楽しめないのはもったいないことです。それに、誰かの対応に我慢しながら生きていると、「人生が楽しくないのは、〇〇さんのせいだ！」と思ってしまうものです。

でも、それは違います。「我慢して、〇〇さんの意見を取り入れる」ということを選んだ、自分の責任なのです。

自分の人生は全部、自分の選択でできているのですから。

だからこそ、私は思うのです。

**自分の人生のために、「NO」と言える勇気を持つようにしたい。**

ずっと我慢し続けた場合の未来と、勇気を持って「NO」と言えた場合の未来の、両方をイメージしてみてください。あなたはどちらのほうがワクワクしますか。ワクワク楽しくイメージできるほうを選べばいいのです。

望むことをちゃんと言える自分に♡

## リスト55 優しいことばや態度で人に接する

ありがたいことに「佳実さんは、いつも優しいですね」と言ってもらうことがあります。でも、私は優しいことばや態度で接したほうが、自分が心地よいからそうしているだけです。私はまだ、人の立場に立ち、自分のことよりも人のことを先に考えられるような立派な人間ではありません。

でも、人にいじわるをしたり、ムッとした態度をしてしまったりしたときに、心地よくなるとか気持ちがスッキリするどころか、逆に気分が悪くなりますよね。

一方、優しい態度で人と接すれば、そのあとも幸せな気持ちでいられますし、何よりも気持ちがいいものです。だから私は、人に優しく接し、優しいことばをかけたいと思っているのかもしれません。

私はことばの力を信じていて、文章を書くことがとても好きです。文章を書くときは、ものごとを一刀両断にするようなことばや、きつい言いまわしよりも、優しく、心にすっと染み入るようなことばで、人の気持ちを動かしたいと常々思ってきました。でもそれも、本音を言えば、優しいことばを書いているほうが自分が楽しいし、幸せだからなのです。

やはり私の場合は、自分が心地よく感じること、幸せだと思えることを追求したら、このスタイルになったのだと思います。
もちろん、キレのいいことばで人の気持ちを動かすことも、とても素晴らしいことだと思います。要は、どちらが自分にとって心地よいか。それだけなのです。

それがわかっていると、自分の発信する文章にも「私」が宿ります。
あなたはどんなことばで、人の心を動かしますか？

リスト56

## 今自分に「あるもの」をしっかり見る

人は自分に「ないところ」ばかりを見て、状況を変えたいと思いがちです。でも、今自分に「ある」よいところを探したら、「やっぱり、私は恵まれてるな〜、幸せだな〜」と感じるはずなのです。

**自分の人生が満たされていると感じることは、大切なことです。**

では、なぜ人は、そう感じることがなかなかできないのでしょうか。

それは、毎日の生活の中で、「私の人生って、やっぱり物足りない、つまんない」と、「ない、ない」を繰り返すスパイラルに陥っていることが多いからです。

このままでは永遠に「ないないスパイラル」から脱出することはできません。今「あるもの」を見ることができない限り、あなたの「ないないスパイラル」は終わりを告げないのです。

人は、今自分に「あるもの」に目を向けた瞬間、少しずつ「ないないスパイラル」から脱出できます。それでもまたスパイラルに陥りそうになったら、意識的に、自分に「あるもの」に目を向ける。つまり、自分に軸を戻せばいいのです。

自分には何も「ない」と思ってしまっているときは、他人軸でものごとを考えていることが多いので、他の人と比べて「ない、ない」と言いたくなります。

だから、そんなときこそ、自分に「あるもの」をしっかりと見ればいいのです。

そして、**自分の目の前のことをもっと丁寧に、きちんとやることです**。
今ある仕事や家事を、もっと丁寧にやる。今、まわりにいてくれる人たちをもっと大切にする。

また、新しいものに目を向けすぎて、自分の「今」をないがしろにしてしまうこともよくあることです。本当は「今」のあなたにはたくさんの幸せがあるのに、「未来」に目を向けすぎて、ただ「ない」と思っているだけかもしれません。
未来を「幸せに、豊かに」するためには、今の「幸せと豊かさ」をしっかり感じていることが大事なのです。

未来は、今と切り離された別の世界ではありません。今と確実につながっている場所なのです。「今」の繰り返しが未来なのです。だからこそ、

**「今」を幸せに、丁寧に、楽しく、そして軽やかに♡**

リスト57
# 聞き上手になることからはじめる

「私は話し下手なので、会話上手になりたい」という方は多いと思いますが、会話上手な人というのは、基本的に「聞き上手」な人です。「この人ともう一度話したいな」と思われる人は、「聞くことがうまい人」なのです。

もし、あなたが話し上手になりたいのなら、まずは徹底的に「聞き上手になる」ことからはじめてみてください。そうすると、自分から話題を振らなくても、相手が話してくれた内容から自然に話題が膨らみます。

また、相手は話を聞いてもらっているので、話していてとても気持ちがいいはずです。できる営業マンは、必ず聞き上手だと聞いたことがあります。お客さまの話を真剣に聞くことで、お客さまは気持ちがよくなり、その営業マンに好印象を持ち、「この人から買いたい」となるのです。

このことは恋愛にも使えます。はじめてのデートで、あなたは話しすぎていることはありませんか。デートでの会話は、実は聞く側にまわったほうが絶対にいいのです。はじめてのデートで、どれだけ相手の話を聞き出せるか。それによって、その後の結果は確実に変わります。

よい聞き手を得て、自分のことをたくさん話してしまうと男性は、「この娘になんでこんなに心を許してしまっているのだろう?」と、相手のことを特別に思うようになるのです。

話し上手を目指すより、「聞き上手」になりましょう。

誰からも好かれるあなたになるための、とっておきのテクニックです♡

## リスト58 人前に出るときもありのままでいる

もう4年以上前になるかと思いますが、はじめて作家の浅見帆帆子さんをお迎えして講演会を開催したときのことです。

私は20歳のころから帆帆子さんの本のファンで、「いつかお会いできたらいいな」と密かに思っていました。それが10年越しで叶い、その日、私は帆帆子さんの講演会の司会をすることになりました。憧れていた方の舞台ということと、８００名の会場にお客さまがびっしり満員御礼という状況に、プロのはずの私ですが、尋常じゃないくらいに緊張してしまいました。

私は司会者らしく、綺麗な声でしっかり間違えずに話さなければということばかりに気をとられ、あとのことはあまり記憶に残っていないほどの状態でした。

そして、私のド緊張の講演スタートの挨拶と講演者の紹介が終わり……、そのあと帆帆子さんが舞台に上がられておっしゃった「こんにちは、浅見帆帆子です」という声に、私は衝撃を受けました。自然体で、飾ったところの少しもない、舞台に上がる前に控え室でお会いしたときのままの優しさあふれる声だったのです。

そのとき私は思いました。「あー、たとえ大人数の前で話すときでも、自分のままでいいんだな」と。

それまでの私は、自分をよく見せよう、しっかりしているように見せよう、賢く見せなければと思っているところがありました。でも、すべてが余計なことでした。自分のままでよかったんです。どんなに大勢の前でも、私の声で、私らしく話してよかったんだと、そのとき気づいたのです。

そのあとは、講演会後に締めの言葉まで、自分らしく話すことができました。

今は私も、何百人もの前で話をする機会をいただいていますが、ほとんど緊張しません。それは、「ありのままの自分でいいんだ」と思っているからだと思います。

自分をよく見せようとすると、「失敗しちゃ、ダメだ」「ことばに詰まったらどうしよう」と思って、かえって緊張してしまうものですが、「ありのままの私でいこう」と思えたとき、全く緊張をしなくなったのです。

**「自分を無理によく見せようとしない。」ありのままというのは、そういうこと。**

そうすると、もっともっと生きやすくなるのかもしれません。

## リスト59
# 誰も支配しない、誰にも支配されない

私は自分の考えやスタイルをブログや本などで発信させてもらっている中で、「佳実さんは、本が売れなくなったらどうするんですか?」という質問を受けることがあります。そんなとき私は、「それはそれで、そのときに楽しいことをする」と答えています。

**私は「今」に執着することは、未来を「支配」することだと思っています。**

今がとても幸せだから、その幸せがなくなることを過剰に恐れるのは、少し違うと思うのです。そのときそのときで、自分に合った「楽しいこと」「豊かさ」を味わえばいいと思っているので、何も問題はないのです。

これは、人間関係に対しても言えることです。

**自分以外の人に執着することは、意味のないことだと思っています。**

たとえば私には、今、一緒に働く二人のスタッフがいて、彼女たちのことが大好きです。でも、もし彼女たちがビューティリアを辞めたいと言うのなら、それはそれでいいと思っています。

もちろん二人と働けてとても幸せですし、辞めてほしいわけではありませんが、私が彼女たちに望むことは「自分の人生を自分で選べる人になってほしい」ということ。ビューティリアを辞めて、彼女たちが自分で違う道を選ぶのなら、それを全力で応援したいと思うのです。

自分の今の幸せにも、まわりの人にも、執着することはなんの意味もありません。もっと自由になるためには、誰も支配しない、誰にも支配されない世界が、私は一番だと思っています。

## リスト60
# 運命に期待しすぎない

「私にぴったりの仕事はなんだろう……」と、モンモンとすることってありますよね。私もずっとそうでした。「天職が見つかれば、すべて上手くいくのに」と。でも自分にぴったりの運命の仕事、天職だからといって、何から何まですべてうまくいく、何もしなくても大丈夫ということはないのです。

先日、こんなことを聞きました。スタッフがいつもお世話になっている、とても能力の高い、いわゆる「サイキックな方」が言っていらしたそうです。

「運命の人だからといっても、喧嘩もまったくせず、ずっとラブラブで、努力なんてしなくてもいい関係かといったら、それは違う。**運命の人でも、お互いが努力することが大事**」

彼と喧嘩をしたり意見が違ったりすると、「この人は運命の人じゃないのかも！だから、わかってくれないんだ！」なんて、ついつい思ってしまったりしますよね。もちろん私もそうです。

でも、運命の人でも、お互いのことを何も考えず、努力もせずにいると、その関係は壊れてしまうことだってあるのだそうです。

その話を聞いていて、これは仕事にも言えることだなと私は思いました。運命の仕事、自分にぴったりの仕事に出合えれば、なんにもしなくてもうまくいっちゃう、なんていうことはありません。運命の仕事でも、「これじゃないかも」とか「もう、ダメかも」と思ってしまうことはあるということです。

それでも、なかなか別れられない。そんな憎いやつが運命の仕事であり、運命のパートナーなんですよね。

運命ということばに甘んじることなく、仕事ともパートナーとも仲よくする♡

それが、私の運命論。

## リスト61 考えに詰まったときこそ気楽に考える

「あれ、どうしよう」「うーん、あのことも気になる……」なんて考えすぎて、頭が混乱することってありますよね。私も考えることが多くなると、すぐにキャパオーバーしそうになります。そんなときに私が唱える魔法のことばがあります。それは、

**ま、いっか。気楽に考えよーっと。**

ごく普通のことばなのですが、これを頭の中で言ってみたり、声に出して唱えたりすると、「気楽に考えれば、そんなに深く考えることでもないのかも……」と思えてくるから不思議です。

もっと気楽に、自由に、軽やかに。行動もそうだけど、これは思考についても言えることです。

**もっともっと軽やかに考える。**

「どうしよう、だめだ」と思いながら考えはじめると、どんどんドツボにはまっていきます。そんな風に考えているときは、いい解決策やアイデアは浮かびません。
「ま、いっか。どうにかなるさ」と、思考にも余裕を持たせておくと、ふっと解決の糸口が浮かんだりするのです。

だから、あなたも煮詰まっているときや、いろんなことでキャパオーバーしそうなときは、このことばを唱えてみてください。

「ま、いっか。気楽に考えよーっと」って。

## リスト62 「今」このときを思いきり生きる

私たちがよく耳にすることば、「いつか本気を出す」の「いつか」って、実は来ないことが多いんです。

あの場所に行けたら私は本気を出せるのに、あの人が変わってくれたら私も変われるのに……。こう言っているうちは、その「いつか」は訪れません。

**本気を出すのなら、間違いなく「今」しかありません。**

以前テレビで見ていたバラエティー番組で、こんなシーンがありました。何年も売れていない芸人さんが目の前に出された過酷な仕事に対して、「これをやったら、売れる保証はあるんですか？」というようなことを言っていて、その言動にベテランの芸人さんが「そんなのわかるか！　みんな、そんなことわからんけど、一生懸命やってるんや！」って怒っていました。私もそう思います。

いつか自分が輝ける場所が用意されたら、本気を出す。売れる保証があるなら、ちゃんとやる……。

そうではなく、今、目の前のことに本気になってみることです。そうすれば、確実に未来は開けてきます。

「そっちの世界に行ったら幸せになれるのに」と思っているうちは、幸せになれない。今の「幸せ」を実感することが、未来の幸せをつくるのです。

## リスト63 まわりのみんなを味方にする

前の本にも書いたのですが、私は人と競争するとなると、たちまちモチベーションが下がります。女性には私と同じようなタイプの人が、比較的多いのではないでしょうか。

誰かと競争することで、やる気が出るという方も、もちろんいるとは思うのですが、私と同様に、競争をすると余計に疲れてしまったり、逆にやる気を喪失してしまったりする人は少なくないと思います。

もちろんライバルの存在は、自分を高めるためには必要かもしれません。でも、私にはライバルがいません。以前は、「この人に勝ちたい」と思ったこともありましたが、自分と同じような活動をしている人の情報を全く見ないようになったときから、誰かと競争するという気持ちもなくなりました。

**だから、私は「無敵」です。**

**なぜなら戦う敵がいないから。**

そうです。誰よりも強い「無敵」ではなく、戦う敵がいない「無敵」なのです。「無敵」であれば、いつも自分のペースを保てますし、人の行動に心乱されることもありません。

そして、他の誰かのことを「すごいね〜」と、心から思うことができます。

他の人を気にしだすと、自分の軸が少しずつぶれていきます。これは、誰かに勝とうとすると、その誰かの持っている軸で勝負しようとしてしまうことが多いからです。

そうではなく、私は私らしく、好きなことを好きな場所で好きなだけする。それが

「自分の軸」を忘れないためにも、とても大事なことだと思います。

**好きなことを好きなだけしている人は「無敵」♡**

だって、誰も敵じゃないから。

リスト64

## 間違いを恐れずに前進する

私はマーケティングに関することが大好きで、本やネットでよく調べています。そんな中、YouTuber（ユーチューバー）と呼ばれる人の働き方にも何年か前から注目していて、特にバイリンガールのちかちゃんが好きです。

先日、ちかちゃんの動画を見ていたら、彼女がイギリスで出会ったアラブ系の女性がこんなことを言っていました。

「英語の正しい発音ができないことは、私のアイデンティティー」

彼女はアブダビの方でしたが、ネイティブじゃないということに、誇りを持っているというのです。

日本人の多くは、英語が片言であることが恥ずかしくて、なかなか堂々と話せないですよね。だから上達もしにくい。私もそうで、「こんな片言の英語じゃ、恥ずかしい」と、せっかく英会話のレッスンで教えてもらったフレーズも、実践で生かしきれません。


そのアブダビの彼女はこんなことも言っていました。

「間違う事は上達する方法」と。

これを見ていたら、私たち日本人は間違えるのが嫌いな人種なのではないかと感じました。実際に私もそうなのですが、間違えるくらいなら話さない、みたいなところがあるのです。

でも、間違えてもいいのです。ネイティブじゃないし、勉強中なのだからそれでいい。その段階を経なければ、永遠にしゃべれないままなのです。

これは英会話以外のことにも言えると思います。最初から間違いたくない、失敗したくないという気持ちは誰にでもあります。

でも、それを「間違えても当たり前！」「間違えたほうが上達する！　成功する！」と思えたのなら、もっと軽やかにいろいろなことに挑戦できると思いませんか？

**もっと自分に挑戦するチャンスを、自分自身が与えるべきです。**

理想の未来は、間違いや失敗の上に必ずあります。もちろん私も、うまくいくことばかりじゃないし、「あれは失敗だったな」と思うことがたくさんあります。

でも、それがあるからこそ、集客でいえば「これぐらい集客する場合は、○ヵ月前から告知をして、△日前から申し込みを開始する」というような自分のルールができあがっていくのです。

何度もチャレンジし、そしていくども失敗し手に入れた私だけの黄金ルール♡

# 第5章

# 自分らしく豊かになるための
# ワークライフスタイルリスト

ワクワク楽しみながら仕事をしていると、
もっともっと仕事がしたくなる。

誰かがこんなことを言っていた。
「努力をしている自分を味わいたいならば、
自分がイヤだと思うことをすればいい」

そう、好きなことや楽しいことは、
どれだけやっても「努力」とは感じない。

夢中になって、豊かになろう♡
それがあなたのワークライフスタイルになる。

## リスト65
# いろいろな形で自分の未来に投資する

私の仕事、ワークライフスタイリストのメニューには、セミナーやワークショップの他に「個人セッション」があります（現在は、新規の受付は中止しています）。このメニューにはリピーターがたくさんいらして、「私のアドバイスはいらないいんじゃないかな？」と思うような、成功している方が実に多いのです。

私のアドバイスを気に入ってくださっている方もいるのでしょうが、「これはなぜなんだろう？」と考えたとき、私はある答えにたどり着きました。

それは、セッションを申し込んでくださる方々が、**「自分の未来に期待しているから」なのです。**

**未来への投資とは、「自分の未来への期待」なのです。**

勉強したり、誰かにアドバイスをもらったりすることは、何かものが手に入ることではありませんし、結果がすぐに表れることでもありません。もしかしたら、その投資からは直接的な利益は得られないことも、なきにしもあらずです。

でも、実際に投資とはそういうもので、「商品を買う」ような単純な行為とは違い、「利益が出るかも、出ないかも……」という期待と不安が常に入り交じっているものです。

自分の未来への投資に出し惜しみをしたり、利益が確定しているものにしかお金を絶対に出したくないと、元本保証のようなものを探すことに固執したりしていると、逆に理想の未来は遠ざかってしまうかもしれません。だって、宝くじだって買わなければ当たりません。自分の未来も、実はそれと同じなのです。

私も起業当初は、それまでの貯金を切り崩し、資格を取得したり、コンサルティングを受けたり、仕事の道具を揃えたりと、たくさんの投資をしました。自分の出費にも「投資」と「浪費」の区別があることはよく聞く話ですが、その違いは、購入後、利益を生むものなのかどうかということが判断基準になると思います。

資格を取得したり、コンサルティングを受けたりすると、自分のスキルや知識、マインドが上がり、今よりも利益を出せる自分になります。直接「お金」という利益には結びつかなくても、すてきな自分になって、申し分のない男性と結婚するといった可能性もありますので、そういうこともちろん、投資ということになります。

また、仕事の道具を買うことも、それがあることによって、よりよいサービスができるので投資になります。

起業して1年半後に離婚したときは、まさにお金に余裕のなかった私。「来月の家賃、払えるかな……」と、思っているような生活でした。でも、あのあときの投資は今では何倍にもなって返ってきているので、貯金を切り崩してでも投資をしてよかったと、心から思っています。

もちろん、お金を貯めておくことも大事ですが、「貯金」というのは、お金を増やしてくれるものではありません。それどころか、物価が上がれば価値が下がってしまいます。

でも、投資をすれば、その何倍にも利益が返ってくる可能性があるのです。

「貯金」ということにとらわれるのではなく、それを少しだけ自分の未来への投資にまわしてみる。

**自分が一番、自分の未来に期待してあげるのです。**

リスト66

## 楽しいことをしてお金を得る

先日、以前私の講座を受けてくれた生徒さんから、とてもうれしいメッセージが届きました。彼女はインテリア小物を手づくりする仕事をしているのですが、その楽しさを多くの人に味わってほしいと、ワークショップを開催したのです。

そのワークショップが大好評で、彼女はとても楽しく自分のオリジナルアイテムをつくることができ、ものすごく喜んでくれたようです。ワークショップでは講師を務めた彼女が一番楽しめたようで、「こんなに楽しいことをしてお金をいただけるなんて、夢のようです！　楽しいことをしてお金をいただくという感覚がつかめました！」

と言っていました。

私はこの感覚をぜひ、みなさんに味わってほしいと思っています。自分が心からワクワクできること、楽しく感じることをして、お金を手にしてみてほしいのです。そうすることで「お金」に対する価値観が確実に変わります。

以前、私も自分のお茶会を主催していたとき、その会場に向かう道中で、「ものすごく楽しくてワクワクするー！　今日はどんな方にお会いできるのかな？　こんなに楽しいことをしてお金もいただけるなんて、なんて幸せなんだろう」と、心から実感したことがあります。

私の場合、それを実感したら「こんなに楽しいことなら、どれだけでもしたい！」と思い、「もっと、もっと！」と、どんどん気持ちが盛り上がって、ますます徹底的にやっていきたくなるのです。そうしたら……そう、お金がどんどん舞い込んでくることは、みなさんにも想像できますよね。

「楽しくお金を稼ぐ」とは、こういうスパイラルなのです。

私は今このときも、自分の楽しいペースで本を書き、みなさんに読んでもらえている……そしてお金をいただけているので、本当に幸せな気持ちで一杯です。

家に引きこもり、時に家事をしながら、時にテレビを見ながら、思いついたら原稿に向かう。もちろん書く内容が浮かばず、「うーん、うーん」と唸っていることもありますが、自分が伝えたいことばを、納得のいく言いまわしで文章にできたときは、とても気持ちがよく、何度も何度も自分で読み返すぐらいです。

**本当に自分が楽しくてワクワクすることで、お金をいただいてみてください。**

自分がワクワクして、まわりの人もハッピーになること間違いなしです。

カフェでお茶をするのが好きな方は、まずはお気に入りのカフェでお茶会を開催するのもいいかもしれません。付加価値をつけたいのなら、自分が持っている知識を参加者とシェアする会にしてもいいですし、どなたかゲストを呼んでもすてきですよね。

お家に誰かを招いて、おもてなしをすることが好きという方は、小さなパーティーを開いてもいいかもしれません。私の元生徒さんにも、お料理とおもてなしが大好きな方がいらして、テーブルコーディネートのセンスのよさはもちろんのこと、参加者にすてきな招待状も送られていて、とても感心しました。そういうことも、好きなことだとサラリとできてしまうんですよね。

こんなこともありました。ある日、事務局に私に向けたメッセージが届きました。「今はＯＬですけれど、バイオリンが大好きです。バイオリンならどれだけでも弾いていられます。でもそれを仕事にするのって、どうしたらいいのでしょうか？」

もし、私がその方ならば、すぐさま名刺をつくり、「結婚式やパーティーで演奏させてください」とまわりの人に声をかけます。自分から言わなければ、誰も気づいてくれないので、積極的に「自分はこういうことをやっているよ！」と言っておいたほうがいいのです。今すぐ必要じゃなくても、パーティーや結婚式をするときに思い出してもらえるからです。

また、異業種交流会などに行って、名刺を配るのもとても効果的だと思います。企業のパーティーや会合の出し物を何にしようと考えている方は少なくありませんので、そういったときに声をかけてもらえることも、なくはありません。

このバイオリン大好きさんから来たメッセージの答えを、私はメルマガでシェアさせていただきました。すると、そこからミラクルが起きたのです。今度はピアノの仕事をしている方から事務局にメッセージが届き、「先日のメルマガに書いてあったバイオリン大好きさんとセッションがしたいです」というコメントがあったのです。

そこから、彼女たちは連絡をとり合い、今では一緒に演奏をするまでになっているそうです。

「大好き」を仕事にするなんて、どうしたらいいんだろうと思っていた彼女は、私にメールで質問してみるという小さな一歩を踏み出したことで、新たな景色を見ることができたのです。

「楽しい」を仕事にするヒントは、実はそこらじゅうにあります。ただ見逃しているだけ。

「楽しいこと」をたくさんやって、自分もまわりの人も豊かになる。あなたも、そんなスパイラルに自分の身を置いてみませんか？

**「楽しい」を積み重ねれば、理想の豊かさにつながっていく♡**

## リスト67 自分の枠を外してみる

最近、まわりに年商1億円を目指すと言っている人が多いのですが、ずっと「へー、すごいな〜。私はそんなこと全く考えないな〜」と思っていました。私は「今よりもっと稼ぎたい！」という野望がもともとない上に、1億なんて数字、自分には遠すぎて、なんだか想像もつかなかったのです。

でも、そういう声をかなり聞くので、試しにどうやったら1億円を売り上げられるかを考えてみることにしました。私の考え方はいつものビジョンの立て方と同じ。ワクワクする仕事をどれだけやったら1億円になるかな〜という、一般的なビジネス計画よりもかなり簡単なものです。

それで、計算してみたのですが……なんと、案外スルッとサラッと、1年間で1億円を売り上げる方法が出てしまったのです。計算間違いかと思い、何度も電卓を打ち直してみましたが、やっぱり1億円を超える……。

「うん？　1億って、もしやして、そんなに難しいことじゃないの？　夢のまた夢の話じゃないの？」と、自分でびっくりしました。


以前の私は、年収1000万円を叶えるのなら、髪の毛を振り乱し、休みもなしで働くことになるんだろうなあと想像していましたが、今の私の実働は月5日ほど。もちろん、家での執筆活動があるので、実際はもう少し仕事をしていますが、外に出て働くのは本当に月数日なのです。それは、昔の私からしたら、もう、想像もつかないような現実です。でも、今の私はその現実を生きています。

そう思うと、つい最近まで想像もつかないと思っていた「スルッとサラッと1億円」も、もうすぐ私が実際に生きる現実になるのかも♡

**だから、今すぐに、あなたの中にある枠を取っ払って考えてみてほしいのです。**

まずは自分の理想の生活をワクワクしながらイメージして、その生活を送るには、いくらの年収が必要かを考えてみる。

そして、実際にどうやったらその年収を叶えられるのかを具体的に考えてみてください。何も最初から1億で計算する必要はありません。私も一番最初にこれを考えたときは、月収30万円、年収３６０万円から考えました。「月収30万円を稼ぐには、どうすればいいかな？」と具体的に考えたのです。

さらに、現実にそれをクリアする少し前に、また新たな目標を設定する。私の場合、そうやって少しずつバージョンアップをしていったら、今では年収1億円のシミュレーションをするようになっていた、ということです。人生って、本当にわからないものです。

みなさんも、「うん？　難しいと思っていたけれど、案外簡単なのかも！」って、びっくりするかも。

現実に、私が「年収1億円」を稼ぐかどうかはわかりません。ただ、ここでお伝えしておきたいのは、「できないことなんてないのだから、もっと枠を外して考えてみてほしい」ということなのです。

あなたの枠を外すのは、紛れもなくあなたなのだから。

リスト68

# 何のために働くのかを考える

先日、ＰＲ会社の方にこんな質問をされました。

「露出を増やすためにブログをわざと炎上させたりしても、平気ですか？」

わざと炎上させるというのは、少し言いすぎでしょうが、これは注目されるためにあえて自分から棘のある発言をするということなのでしょう。

そのとき私は思ったのです。「私はなんのためにこの仕事をしているんだっけ？」

私は有名になりたいわけでも、ものすごく裕福な生活がしたいわけでもありません。私がしたいのは、「自由に、楽しく、好きなことで働くこと」「それはどんな人でも選べ、お金を稼いで、成功できることなのだ」ということを発信し、多くの人に「私にもできそう！」と思ってもらうことなのです。

だから、「自分がブログを炎上させてまでして有名になりたいわけじゃや、決してないなぁ」と思い、ＰＲ会社の方にはそう伝えました。

私の言っていることは甘いのかもしれません。でも、私が一番大切にしているのは、

**「どう働くか」の前に「どう生きるのか」です。**

私はいつも、「私はどう生きたいのか？　その上で、どのような働き方をしたいのか？」ということを自分に問いかけながら仕事をしてきた気がします。そもそもワークスタイリストの仕事は、自分が好きなことで自由に働いてきて、「こんな楽しいことは独り占めできない！」と思ってはじめたことです。

私は、何かに迷ったときは、必ずこの思いに立ち返ります。夢中になりすぎて「もっともっと」と思っているときは、ついつい自分を見失ってしまいそうになるからです。自分はどんな人生を生きたいのか、世の中に何を伝えたいのかという、しっかりした考えがないと、少しのことで自分を見失ってしまうから。

あなたは、どう生き、そしてどう働きますか？

## リスト69 大事にとっておいたものを使ってみる

「いつか使おう」「いつかのために、とっておこう」と思って、使わずに大事にしまっているものって、ありませんか。

もしあるのならば、今すぐに出して、使っちゃいましょう。「いつか」のあなたが使う予定のものならば、今すぐに使って先取りするんです。そうすれば、その「いつか」は、もっと早くあなたのもとにやってきます。

そして「いつか」のあなたは、今のあなたが想像もつかないような、もっとすてきなものがほしいと思うかも。今のあなたには「手が届かないな……」と思うようなものでも、「いつか」のあなたは軽々と手にできているはずだから。

だから、今のあなたが用意できる、その「もの」は、今のあなたが持つべきなのです。心配はいりません。だって、「いつか」のあなたは、さらにすてきなものを手にしているのだから。

**「いつか」のためにとっておくのではなく、今、その「いつか」を先取りする!**

## リスト70 お給料を「楽しんだご褒美」にする

OLの方は、毎月会社からお給料をもらいますよね。それを「がんばった自分への

「ご褒美」にしている方も多いはず。大変な思いをして、がんばって働いたから、お給料を料をもらえたと思っているということです。

でも、それを「がんばった」ご褒美ではなく、「楽しんだご褒美」と考えてみてはいかがでしょうか。そう考えると、「もっと仕事を楽しもう！」と思えてきませんか。今、イヤイヤやっていることも、楽しんでやってみるのです。

私が会社員のときは、「ＯＬであること」を楽しみながらやっていました。私には理想とするＯＬ像があって、それはファッション雑誌の中の「１カ月コーディネート」の主人公のような人。毎日忙しいけれど、おしゃれも、仕事も、そして恋も楽しんでいる……といった感じです。

そんなＯＬだったら、仕事をどんな風にこなすのかな？　どんな服装で会社に行くのかな？　電話対応はどんな風にするのだろう？

そう考えながら、仕事をするのです。実はこれ、とっても楽しい。自分がすてきな人に思えてくるし、いつものつまらない仕事も楽しく思えてきます。

私は起業することが一番いいと言っているのではありません。自分に合った働き方を自分で選べるということをお伝えしています。

会社員の中には、安心して楽しく「自分のスタイル」を楽しんでいる方ももちろんいると思います。会社員のまま、自分の「好き」を仕事にすることもできます。そうやって生き生きと働いているすてきな会社員の方々を私は大勢知っています。

結局は、どの働き方が自分に合っているかです。どれが一番、楽しめるかなのです。自分の「楽しい」をもっと追求してみませんか。

**毎日の仕事の中にも「楽しい」がたくさん潜んでいるはずです。**

先日セミナーで、「会社を辞めたいと思っているので、今の仕事に対するやる気が全然おきません。どうしたらいいですか？」という質問をもらったので、私はこう答えました。

「私は会社を辞める前、ＯＬでいられるのはあと少しなんだ！　もっとこの仕事を楽しもうと、電話応対をするときも、パソコンの作業をするときも、すてきなOLになりきってやっていました」

その1カ月後、その彼女から、「佳実さんに言われたように、今の仕事を楽しんだら、会社を辞めるのが惜しくなってしまって……。OLの自分が好きになったんです」というコメントをもらいました。

それって、すごくすてきなことですよね。彼女は今の仕事を楽しめているのです。

起業をするときの動機は、「今の仕事がイヤだから」より、「今の仕事も大好きだけど、他に伝えたい強い思いがあるから」のほうが、そのあとうまくいく確率が高いと思うのです。

**今の仕事を楽しむ、そしてお給料を「楽しい」のご褒美にしてみてください。**

そうすると、お金の使い方も変わってくるはず。本当に心が満たされるものに、お金を使いたくなるはずです。

リスト 71

# 自分の「こだわり」にお金を使う

お金持ちの人に話を聞いていると、使うところには一般人では考えられないような金額を使いますが、使わないところには、逆に一般人の私が驚くほど使わないのです。自分が好きなものやこだわりのものには、ドドーンとお金を使うけれど、自分の興味がないものに関しては、お財布のヒモをものすごく固く絞っているなと、見ていて思います。

お金がたくさん入ってくると、ついつい、じゃんじゃん使ってしまいたくなるものですが、それは懸命ではありません。

では、どんなことにお金がを使うといいのか。それは「自分の心が満たされること」です。「これを手に入れたら、私の心はとっても満たされるなぁ」と思えることにお金を使ってください。

「こんなに使っちゃって、大丈夫かな？」と、不安になるようなお金の使い方をしていると、いつの間にか手元からお金がなくなってしまいます。ネガティブなエネルギーと一緒に循環しているので、お金が入りにくくなってしまうからです。

**お金は「楽しく稼いで、楽しく使う」ことが、一番上手な使い方だと思います。**

私の心が満たされる瞬間は、ちょっと高級な靴を履いているときです。そういった靴はスタイルをよく見せてくれますし、そんな靴を履いている自分がなんだか、ちょっとかっこよく感じられて、満たされます（完全に自己満足です）。

反対に、私は料理にあまりこだわりがありません。私の知人が、卵は絶対に1パック1000円のものを買うと言っていました。そこにこだわりがあることを教えてくれたのです。すごい美味しくて、よい卵なんだろうなとは思うのですが、私にはその卵は高すぎて買えません（笑）。

そうです。自分のこだわりのあるものにお金を使ったほうが、心が満たされるから。その知人の方は、高級な靴を買うよりも、高級な卵で毎日料理をするほうが、断然心が満たされるのです。

あなたの心が満たされることはなんでしょうか？
あなたの「こだわり」はなんですか？

なんでもかんでもお金を使うのではなく、「お金というツール」を使って、自分の心を満たすようにするのがコツです♡

リスト72

# 人生でも仕事でも自分の好きにやる

「こうやったほうがいいかな」「でも、世間ではこうやるしな……」と、なんだか頭の中が堂々巡りするだけで、答えが出ないことってありますよね。

「佳実さんなら、どっちがいいと思いますか？」という質問をよくいただきます。それは、あなたが好きなほうにしたらいいのです。

人生は人それぞれ。お金を儲けた人が勝ちというわけではないし、長生きした人が勝ちということもない。そもそも、勝ち負けなんて最初からないのです。でも、強いて言うならば、

**自分の好きなように生きた人の勝ち♡**

誰かのために我慢して生きて、「あんなに我慢してやってきたのに……」なんて思う人生は、やっぱり楽しくない。

自分で好きなものを選んで自分で責任をとる人生が、やっぱり楽しいと思うのです。

# 終章

# 「理想の私」のその先へ

あなたが心にずっと秘めている思い。

「もっと自由に、楽しく生きる考え方がある」
「料理の力で、多くの人に、もっと『美味しい』を伝えたい」
「私の歌で、たくさんの人を幸せにしたい」

それを世の中に、解き放つとき、
あなたの思いは覚悟になる。

## ビジョンにも縛られないあなたへ

私は2015年末、友人と一緒に2016年の理想の予定を書こうと、ノートに向かっていました。ノートには1月から12月までの月ごとに「こんなことがあったら、いいな~」ということを記していきます。

私たちは数年前から同じことをしていて、過去に書いたことが本当に現実になっていたので、「今年もやろう!」と楽しく取り組んでいたのです。

……が、私は何も書けませんでした。こんなことははじめてでした。そのとき、改めて思ったのです。「そのときどきに選びたいものを選べるはずだから、今考えておく必要はないのかも」と。

私たちが住む「時間」という概念のある世界では、「時間」という秩序がなく同時にすべてのことが起こっている高次元の世界と異なり、人は一瞬一瞬、一つひとつを選びながら「時間」に沿って生きることになります。
このことは前から、本で読んだり話を聞いたりして理解はしていました。でも、2016年の予定を書こうとして、「そのときどきに一番選びたいものを選んでいく。それが究極の引き寄せの方法だ」ということに、はっと気づいたのです。

私はこれまで、「ビジョンの設定が大切」とお伝えしてきました。「そのときに、自分の選びたいものを選べばいいのならば、ビジョンの設定は必要ないのでは？」と思われる方も多いかと思いますが、「ビジョンの設定」は、自分の欲求に素直になる練習なので、ものすごく大切です。
だって、最初はみんな、遠慮してしまって、自分の選びたいものを選べないでしょう？　だから、自分が本当に選びたいものを選ぶ練習として、「ビジョン設定」は欠かせないものなのです。

でも、自分の未来を設定して（決めて）、時にミラクルを起こしながら、理想をどんどん叶えていくと、ビジョンを設定しなくても、選びたいときに自分が選びたいものを選びとれるという確信が生まれてくることに気がつきました。

この経験をした2週間後くらいだったと思います、パートナーが「『インターステラー』（クリストファー・ノーラン監督）っていう映画を観ない？」と言ったので、レンタルDVDで観ることにしました。私たちはごく普通のSF映画だと思って観はじめたのですが、内容が深くて素晴らしい映画でした。夜に観たので、興奮しすぎて朝方まで眠れなかったくらいです。

なんと、そこには、先ほど私が言及した高次元の世界が描かれていて、時間という概念がなく、すべてのものごとが同時に起きている世界が映像で表現されていたのです。「やっぱり、こういうことだったんだ！」と、私は改めて確信しました。自分が選びたいものを、抜群のタイミングで選びとれる世界を……。

「インターステラー」、みなさんにも、ぜひ観てもらいたいと思います。そして、時空も次元も超えるものが、「愛」というエネルギーだということを、私はこの映画から改めて受け取ることができました。

# 伝えたい「思い」を「覚悟」に変える

２０１５年の秋ごろだったと思います。なんとなくテレビをぼーっと見ているときに、はっと思い立ったことがありました。

私は、自分の考えを多くの人に知られることを、今まで心の奥底で恐れていました。「女性が可愛いまま起業して、ゆるくふんわり稼ぐ」なんて、共感してくれる人も中にはいるだろうけれど、批判もたくさん来るだろうと、すごく怖く感じていたのです。

でも、そのとき私は思ったのです。

「あぁ、もっともっと多くの人に、働き方は選べるということを伝えていきたい。だって、私は自分の心地よい働き方を選んで本当に幸せだし、豊かになった。もっとたくさんの人にこれを伝え、またその人たちが多くの人に伝えてくれる……そうなったら、もっともっと世界は平和になると思う」

ただ、ぼーっとテレビを見ていただけなのに、いきなりそんな感情があふれてきたんです。

例えば私は今まで、「テレビに出たいですか?」いう質問を受けると、「あんまり出たくないです……」と答えていました。なぜかと言えば、あまりに多くの人に自分の考えを知られるのが怖かったからです。何を言われるのかもわからないし、自分ではコントロールできない大きな力が働くことに、漠然と恐怖を感じていました。

「でも、これからは、多くの人にこの考え方を伝えることが、私の使命のような気がする……」

そんな心の底から湧き上がる思いを、隣にいたパートナーにそのまま話したのです。

すると、彼がこんなことを言ってくれました。

「佳実は、覚悟ができたんだね。リスクをとる覚悟が。それだけ自分の土台がしっかりしたってことだよ。たとえば、僕は株や不動産の投資をたくさんしているでしょ?

それはリスクをとれる土台があるから、その覚悟がある。だから投資ができるんだよ。佳実は、投資に関してはリスクが怖くて、僕みたいにできないでしょ？　でも、佳実が伝えたいその思いの土台が今、しっかりとできた。だから思いが覚悟に変わったんだね。その覚悟ができたんだよ」

**そう、伝えたい思いがしっかりと固まったとき、その「思い」は「覚悟」へと変わるのです。**

この思いを伝えることが自分の使命だと、心から思えるようになったのです。

可愛さと覚悟の両方を持った私たちは、きっと最強♡

# 終章
# 「理想の私」のその先へ

# おわりに

この本を手にとっていただき、本当にありがとうございました。今回は、ライフスタイルや精神性の高い話よりも、実際に私が「どう考え、どう行動してきたのか」ということを具体的にまとめてみました。

私はいつも自分の「心地よさ」と「好き」を大切にして仕事をしてきました。そこに頑固なほどのこだわりを持って……。それが私の覚悟になったように思います。「私らしく、好きなことで、ちゃんと豊かになれる」ことを、証明したかったのかもしれません。

最近、尊敬する方に「佳実さんのような人が成功する時代になったということだね」と、嬉しいおことばをいただきました。男性が主体の、これまでの一般社会でよく言われていたような「がんばっている！」の基準に合わせなくても、ちゃんと成功できるし、豊かになれる。でも、それにはちょっとした考え方や行動のコツが必要です。そして覚悟がいる。

**「好きなことを、好きなときに、好きな場所で、好きなだけ♡」**

私はこの言葉を胸に刻み、日々を大切に過ごしています。みなさんの毎日も、ぜひ「好きな事を好きなだけ♡」で満たしてみてください。きっと少しずつ人生が変わっていくはずです。

最後に、いつも応援してくださっているみなさま、本当にありがとうございます。毎日ブログやメルマガを読んでくださる方、フェイスブックやインスタグラムにメッセージを下さる方、セミナーに足を運んでくださるみなさま、全国で「ヨシミストの会」を開催してくださる方々……すべてのみなさまに感謝の気持ちでいっぱいです。これからも、いろいろな場所でまた新たなワークライフスタイルを発信させていただけるように、私自身もさらに毎日を楽しんで参りたいと思います。

**日本中の女性のワークライフスタイルが、「自分らしい、自由で楽しいもの」になることを心から願って♡**

宮本　佳実

宮本　佳実　*Yoshimi Miyamoto*
**ワークライフスタイリスト**
**ビューティリア代表**

1981年生まれ、愛知県出身。高校卒業後、アパレル販売員、一般企業で人事・受付を経験し、25歳で司会者の道へ。その後28歳で起業を決心する。パーソナルスタイリストとして名古屋駅近くに「女性のためのスタイリングサロン　ビューティリア」をオープン。ブログのみのブランディング集客で全国から来客のある人気サロンに育てあげる。その経験から、多くの人に「好きなこと起業」の楽しさを伝えたいとコンサルティング活動を開始。現在はサロンをチーム化し、自身はワークライフスタイリストとして「可愛いままで起業できる！」をコンセプトに活動。女性らしく自分らしく、幸せと豊かさを手に入れられる方法を、自身のマインドやライフスタイルを通して発信している。名古屋を拠点に全国各地で「起業」や「お金」のセミナー・講演会を開催。『可愛いままで年収1000万円』『成功への扉が次々ひらく♡ミラクルレッスン』（小社刊）がベストセラーとなり、ますますそのワークライフスタイルに注目が集まっている。

宮本　佳実ブログ「可愛いままで起業できる！」
http://ameblo.jp/beauteria/

## 可愛いままでこう働く

2016年5月20日　第1版第1刷発行
2016年6月10日　　　　第3刷発行

著　者　宮本佳実
発行者　玉越直人
発行所　WAVE出版
〒102-0074　東京都千代田区九段南4-7-15
TEL 03-3261-3713　FAX 03-3261-3823
振替 00100-7-366376
E-mail: info@wave-publishers.co.jp
http://www.wave-publishers.co.jp

印刷・製本　萩原印刷


NDC159 238p 19cm
ISBN978-4-87290-798-8